金融智库丛书

本书的写作和出版受到国家自然科学基金项目“中国资本市场系统稳定性评估与监测研究”（项目批准号：71273190）资助。

我国股票市场系统稳定性评估指标体系研究

A Study on Evaluation and Monitoring of China's Stock Market Systemic Stability

肖敬红　闻岳春　著

U0950058

吉林大学出版社
·长春·

图书在版编目（CIP）数据

我国股票市场系统稳定性评估指标体系研究 / 肖敬红，闻岳春著．—长春：吉林大学出版社，2019.12
ISBN 978-7-5692-6055-7

Ⅰ．①我… Ⅱ．①肖… ②闻… Ⅲ．①股票市场—稳定性—评价指标—研究—中国 Ⅳ．① F832.51

中国版本图书馆 CIP 数据核字（2019）第 291047 号

书　　名	我国股票市场系统稳定性评估指标体系研究 WO GUO GUPIAO SHICHANG XITONG WENDINGXING PINGGU ZHIBIAO TIXI YANJIU
作　　者	肖敬红　闻岳春　著
策划编辑	李承章
责任编辑	安　斌
责任校对	王　洋
装帧设计	罗　雯
出版发行	吉林大学出版社
社　　址	长春市人民大街 4059 号
邮政编码	130021
发行电话	0431-89580028/29/21
网　　址	http://www.jlup.com.cn
邮　　箱	jdcbs@jlu.edu.cn
印　　刷	天津雅泽印刷有限公司
开　　本	787mm × 1092mm　1/16
印　　张	10.5
字　　数	200 千字
版　　次	2020 年 1 月　第 1 版
印　　次	2020 年 1 月　第 1 次
书　　号	ISBN 978-7-5692-6055-7
定　　价	40.00 元

版权所有，翻印必究

摘　要

近年来全球多地频繁爆发金融危机，关于金融稳定的研究当前已成为各国经济学家关注的热点问题，并取得了大量的研究成果。股票市场作为金融系统的一个重要的子系统，但对其系统稳定性却少有研究，其中的难点在于股票市场系统稳定性概念的不明确和评价方法的不系统，以及系统性风险的危害难以测度。研究股票市场系统稳定性的基本特征和运行规律，为监管当局监管、投资者投资提供可循的依据，是股票市场理论研究和实证分析的重要内容。股票市场系统稳定性的影响因素很复杂，既有国内经济发展、货币政策等宏观金融环境因素，又有股票市场自身制度建设和市场结构的因素，还包括市场参与者的行为方式的影响。如何在错综纷繁的影响因素中准确找到有效的先行指标，是股票市场系统稳定性研究亟须解决的问题之一。

在一定程度上，也可认为是股票市场系统稳定性不存在系统性风险。测度股市的系统性风险是股票市场系统稳定性研究的重要内容和必要补充，从反向的视角论证股票市场系统稳定性，亦可作为股票市场系统稳定性的监测指标之一。

因此，本书以中国股票市场为例，重新界定股票市场系统稳定性的定义和内涵，分析其影响因素，构建评估指标体系，评价中国股票市场的系统稳定性；并且测度中国股票市场的系统性风险，从反向的视角监测中国股票市场的系统稳定性。

本书主要研究内容及结论如下。

第一，股票市场系统稳定性的理论界定。本书通过总结国内外股票市场稳定性的理论研究和实践创新的成就，结合系统科学和金融理论，重新界定股票市场系统稳定性的定义和内涵。本书将股票市场系统稳定性定义为股票市场自身具有的一种恢复能力，即在外部冲击消除后重新达到均衡状态的能力。其内涵包括三个层次的内容，即金融生态环境处于稳定状态、股票市场自身运行平稳和股票价格正常波动。

第二，股票市场系统稳定性的影响因素分析。本书从金融生态学的角度出发，从宏观环境因素、市场结构因素和投资者行为三个方面分析股票市场系统稳定性的影响因素，定性地研究各因素对股票市场稳定的影响机制，为预警指标体系研究提供了必要的参考。

第三，股票市场系统稳定性的识别与评价。本书基于复杂网络理论，构建我国股票市场网络，计算平均相关系数，结合生态学中的 May-Wigner 稳定性定理，构建 m 指标，识别与评价我国股票市场系统稳定性。实证分析结果表明，m 指标能够比较准确、及时地识别我国股票市场的运行状态。

第四，股票市场系统稳定性的预警指标体系。本章首先从宏观环境因素、市场结构因素与投资者行为三个方面，初步筛选了 39 个预警指标。其次，对单个指标的预警效力进行了比较分析。通过计算不同百分位数下的噪音信号比，本章选取噪音信号比最小的 11 个指标作为预警指标。最后，通过方差加权方法构建了综合预警指数，全面提取各单个指标的预警信息，以提高预警的准确性。实证分析结果表明，CEI 指标具有较好的预警效果。

第五，对 2015 年 6 月开始的“股灾”研究。本书根据综合预警指数 CEI 及各预警指标的在 2015 年“股灾”期间的表现来分析本轮“股灾”的演化、成因及政策建议。本书认为，国内经济发展并非本轮“股灾”的基本面因素，流动性的剧烈波动是“股灾”爆发的直接原因，而金融环境建设是“股灾”爆发的外生原因。

本书的创新主要体现在三个方面：第一，创造性地提出了股票市场系统稳定性的概念，结合系统科学、金融生态学和金融理论，重新界定股票市场系统稳定性的定义和内涵，丰富了股票市场的理论知识体系。第二，结合复杂网络理论和生态学知识，构建 m 指标，确定识别标准，为准确、及时、有效地评价我国股票市场系统稳定性提供了一个可靠的指标。第三，定性分析与定量研究相结合，从准确性和时效性角度，筛选预警指标，构建综合预警指数，提高预警效力，为政府监管和投资者判断我国股票市场系统稳定性提供参考。

Abstract

Recently, financial crisis outbreaks frequently in the world. The research on financial stability has become a hot issue which various economists pay attention on. As an important subsystem of financial system, stock market system stability is seldom studied, because the concept of stock market system stability is not definite, the evaluation method is not systemic and systemic risk is difficult to measure. To study the basic characteristics and the operation rule of the stock market system stability, to provide the basis that can be followed for supervising, investor's investment, is the crucial purposes of theoretical research and empirical analysis. The factors of stock market system stability is very complex, such as macro financial environment factors (e.g. domestic economic development, monetary policy) and its institutional construct and market participants' behavior. How to accurately find effective leading indicator in numerous and complicated factors is an urgent problem need to solve in the stock market system stability study.

Mishkin take it for granted that there is no financial instability, namely financial stability. To a certain extent, stock market system stability can also be regarded as which there is no systemic risk in the stock market. How to measure the systemic risk is an important content and necessary complement of the study on stock market system stability. It analyze stock market system stability from the reverse perspective and also can be one of monitoring indicators to the stock market system stability.

Therefore, taking China's stock market for example, this paper redefines the definition and connotation of stock market system stability, analyses its influence factors, constructs its evaluation index system, assess China's stock market system stability. Then, this paper estimates the systemic risk and monitors China's stock market stability from the reverse respective.

In this article, we summarize the main research contents as follows.

First of all, this dissertation represents the theoretical definition of stock market system stability theory. This paper summarizes the domestic and foreign research on stock market systemic stability, combines the system science and financial theory, and redefine the definition and connotation of stock market system stability. We define the stock market system stability as that the stock market itself has a kind of resilience, after eliminating external shocks to reach equilibrium. Its connotation includes three levels of content, namely the financial ecological environment in a stable state, steadily operation of stock market and normal volatility of stock price.

Secondly, this dissertation put forward the construction method of evaluation index system to stock market systemic stability. This paper starts with the financial ecology, combines with the related financial theory, analyzes the affecting factors and influence mechanism of China's stock market systemic stability. Then, using qualitative and quantitative analysis, we research the validity of various factors, choose the evaluation indicators of China's stock market systemic stability, construct the evaluation index system. In the end, based on the idea of financial stability index （FSI）, this paper calculates the comprehensive evaluation index （CEI）, evaluates China's stock market systemic stability. The empirical analysis results show that CEI can well estimate China's stock market systemic stability, but it is weak on timeliness.

Then, we study the systemic risk to prove China's stock market systemic stability from the reverse respective. On the basis of summarizing the existing research, this paper applies the average correlation coefficient and m indicators to measure and monitor the systemic risk of China's stock market. The empirical results show that the average correlation coefficient is a simple, robust, forward–looking and timely monitoring indicators, and that it shrinks as stock prices rising and rapidly rises as the stock prices fall sharply, that it can timely reflect the systemic risk of stock market. After determined by an appropriate threshold, the m indicator are similar to the average correlation coefficient, and it can make a clear number to describe the systemic risk, so that it can achieve the objective of monitoring China's stock market systemic stability.

Finally, this paper demonstrates the stock market crash which begins from June, 2015. In this paper, we use CEI and the m indicator to evaluate China's stock market systemic stability from the positive and reverse perspectives. Two indicators are well warning the crash occurred in the second half of 2015, which its degree is even more than the 2007 subprime mortgage crisis. The timeliness of m indicator is better than CEI, but m indicator is unable to provide further information of the crash. So, we discuss the evolution , causes and policy suggestions of the crash which outbreak from June, 2015.

In this paper, we argue three aspects of innovation. First, this article gives the definition of stock market systemic stability based on system science, financial ecology and financial theory. Secondly, we improve the methodology to construct evaluation indicator system of China's SMSS, and analyze the validity of evaluation indicators by combining qualitative analysis and quantitative analysis, and provide an objectivity and scientific basis for the comprehensive evaluation index. Thirdly, we improve the methods of measuring systemic risk and propose the average correlation coefficient and m indicators to monitor timely the systemic risk of China's stock market, as the same time, we improve the accuracy of the monitoring indicators.

目　录

第1章　导论

1.1　研究背景及意义

金融是现代经济的核心，其与经济的关系如同血液之于肌体。因此，在国际竞争中，各国纷纷将金融视为具有战略意义的领域。自20世纪70年代以来，在经济自由化、全球化的浪潮下，金融业在世界范围内取得了深入的发展，现代金融业已经演变成一个高度复杂的综合行业。这不仅意味着一国金融业越来越复杂，也意味着国际间金融体系的联系也越来越紧密和错综复杂。正是由于这种复杂性，2007年，次贷危机爆发于美国，在很短的时间内迅速席卷全球金融市场，变成一次全球性金融危机，极大地冲击了全球的经济金融活动，对各国的经济和金融产生了长久而深远的负面影响。据美国达拉斯联邦储备银行于2013年7月进行的保守估计，次贷危机给美国造成了高达14万亿美元的损失，大致相当于美国2008年的国内生产总值[①]。在随后的几年时间内，本轮危机仍在持续，欧洲国家的主权债务问题也使社会各界对未来发展的不确定性持续担忧。

次贷危机爆发后，各国的政府机构、银行家、监管人员和学者各自从不同的角度深入探索其产生的根源，以及寻求各种方法来降低未来发生危机的可能性和危害。各种新的学说如雨后春笋般跃然纸上，其中备受关注的是金融系统的稳定性。人们从各自的视角出发研究金融稳定性，得到了大量的研

① 资料摘自孙晓云．系统性风险管理和国际金融监管体系改革[M]．上海：格致出版社，2014：39.

究成果，比如正面视角的金融稳定性评估体系和反面视角的金融脆弱性和系统性风险等理论。但目前的研究仍然存在一定的不足之处，尤其是将整个金融业当作一个系统研究时会忽视各个金融市场之间的不同，从而导致所得到的结果并不尽如人意。一般而言，整个金融体系包括四个部分：金融机构、金融市场、金融工具、金融监管及调控制度。其中，金融市场主要包括票据市场、货币市场、债券市场、资本市场、外汇市场、黄金市场，以及金融衍生品市场等。各个市场在交易机制、定价方式、投资机构等方面均有很大的不同，不能简单地将它们合并考虑，或许分开来考虑更能反映各市场的特点。因而，本书在国家自然科学基金面上项目“中国资本市场系统稳定性评估与监测研究”（编号：71273190）的支持下，专注于我国股票市场的系统稳定性研究。

纵观历次金融危机的发展历程，笔者发现：资本市场的价格大幅波动，尤其是股票价格的暴跌，一般会在金融危机或经济危机爆发之前提前出现。比如 1929—1933 年美国股票市场的崩溃直接引发世界金融危机。1929 年 10 月 28 日（史称“黑色星期一”），受利空信息冲击，纽约证券交易所的大多数股票价格暴跌，道琼斯 50 种股票的平均交易价格下降了 40%，由此揭开了美国金融大危机的序幕。美国股票市场的大崩溃一直持续到 1933 年初，根据道·琼斯指数的统计，截至 1933 年 7 月，美国股票市场上的股票价值仅仅相当于 1929 年 9 月的 1 / 6。金融危机使整个美国银行业基本处于瘫痪状态，1930—1932 年之间累计超过 10000 家银行倒闭，并且很快就波及其他经济领域，演变为一次空前规模的经济危机，严重破坏当时的美国经济体系，使经济发展水平倒退了 20 年。经济危机还迅速地席卷欧洲国家，破坏各国经济，最终发展成为一次世界经济危机，使各国工业生产降低了 40%，经济发展倒退了 20 年，比一战前还低 10% 的水平。

又如 1997 年的亚洲金融危机，其始于 1997 年 2 月国际投机资本对泰铢的攻击，导致泰国国内银行出现挤兑，股指大幅回落。国际投机资本在随后的 5 月、6 月间发动了两轮猛烈的投机攻击，迫使泰国央行不得不于 7 月 2

日宣布泰铢放弃与美元挂钩，泰铢当日跌幅达 20%。由于东南亚国家的经济存在很大的相似性与相关性，泰铢的贬值严重打击了投资者对其他东南亚国家的信心，助长了投机者的嚣张气焰，投机者于是扩大投机范围，相继攻击菲律宾和马来西亚等国，造成这些国家的货币大幅贬值或放宽浮动范围，形成了 20 世纪亚洲所经历的危害最大的一次货币危机。1997 年 8 月，马来西亚宣布放弃保卫林吉特；一向坚挺的新加坡元也受到冲击。一般认为，亚洲金融危机是一次典型的货币危机，其主要表现形式是货币的大幅度贬值及货币贬值带来的不利影响。但在危机期间，股票市场的表现也值得关注，如图 1–1 所示，在马来西亚货币受到攻击之前，该国股市已经开始出现持续下跌的趋势，新加坡的股市表现也有大致相似的下跌过程。

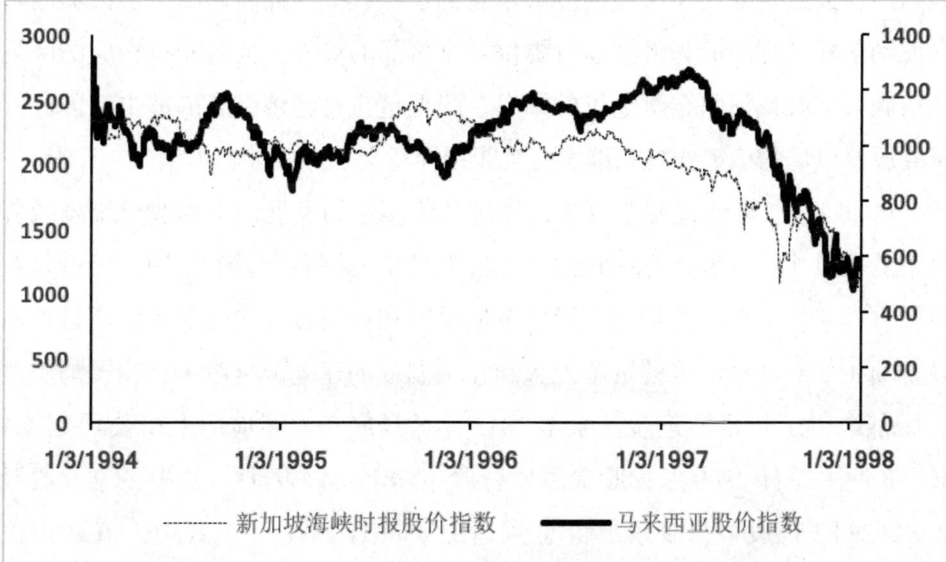

图 1–1　亚洲金融危机前后马来西亚和新加坡股市表现情况

资料来源：整理自雅虎财经（finance.yahoo.com）。

而源于美国次级房贷市场的崩溃的 2007 年次贷危机，则通过金融衍生品等资本市场的危机——金融危机的链条向实体经济扩散。这次金融危机同样引起了全球股市的大跌。美国道琼斯工业指数随着次贷危机的全面暴露，从 2007 年 10 月 9 日的最高点 14164.53 点暴跌至 2009 年 3 月 9 日的最低点 6547.05，跌幅达 53.78%；上证综合指数在 2007 年 10 月 16 日达到 6124.04 的最高点位后，一路下滑，最低下探到 2008 年 10 月 28 日的 1664.93 点，跌幅高达 72.81%，给投资者带来了巨大的损失。随后，危机传染到其他金融领域和经济部门。

由此可见，股票市场的大幅震荡，很多情况下是金融危机爆发的前兆或者表征之一。已有研究显示，当金融危机（不管是货币危机或债务危机）爆发时，往往会伴随着股票价格的大幅下跌；反之，当股票价格在某一时期大幅度震荡时，这意味着股市进入了异常状态，投资者需要关注系统性风险，监管当局有必要采取必要的措施稳定资本市场，使股票市场回归稳定状态。如果能够通过建立模型来监测股票市场的运行状况，提前预测股票市场的异常波动信号，则能够为经济运行提供一个可靠的参考，提前安排相应的政策和措施，减缓或消弭金融危机的爆发，降低危机对经济带来的冲击。因此，研究股票市场的稳定性具有重大的实践指导意义。

自 20 世纪 90 年代初期以来，经过二十多年的发展，中国股票市场乘着改革的东风快速发展，亦在我国的经济发展中发挥着重要的作用。无论是在数量方面（如上市公司数量、股票市值总额和投资者开户数等），还是在质量方面（如对国民经济的资源配置和相关制度的建立健全等），我国的股票市场都取得了长足的进步。截至 2015 年 8 月底，中国境内上市公司数（A 股、B 股）总计 2800 家，股票总发行股本 48114.47 亿股（其中，流通股股本 42623.83 亿股），股票市价总值达到 438027.18 亿元（其中，流通市值 354711.80 亿元），有效账户数 19818.77 万户。虽然经历了次贷危机的洗礼，我国的股票市场仍然比较健康地发展，市场筹资环境得到较大改善，为投资者提供了较好的投资机会，市场融资大幅增加。截至 2015 年 8 月底，股票市场累计筹资 6108.15 亿元，相比于 2014 年全年的筹资额 5198.05 亿元，有了很大的增长。随着股权分置改革的全面完成，信息披露等其他配套制度的建立，消除了我国股票市场长期以来存在的制度缺陷。随着各类机构投资者的引入，理性投资理念为市场所接受，我国的投资者更加的理性和成熟，监管部门的管理理念也在发生转变，这些都促使股票市场越发成熟，越发稳定。

尽管取得了不错的成绩，但我国的股票市场仍然是新兴加转轨的市场，在许多方面表现得还不够成熟。股票市场的建立正处于我国经济转型的关键时刻，其最初目的是为了解决国有企业的融资难问题，因而在制度设计等方面仍留有一些计划经济的痕迹，体现出一些特有的性质，最鲜明的两个特征是：①股市的异常波动，或称为过度波动，二十多年以来我国股市经历了数次的大涨大跌；②“政策市”现象，政府经常性地对股市进行宏观调控，比如增减股票发行、频繁调整印花税、严格管控入市资金、领导人的讲话，甚至是人民日报的社论等，这些均对股市产生过重大的影响。因此，可以说，我国股票市场仍然处于不成熟状况，市场波动性比欧美成熟市场的波动性更大，更加不稳定。因此，研究我国股票市场的系统稳定性的评估及监测具有很强的现实意义。

金融稳定的术语很早就已经被使用，但是，由于金融体系的复杂性等原因，任何对于金融稳定的定义都是不完全的（Allen 和 Wood，2006），至今没有形成一个严格的被普遍接受的定义。股票市场稳定性的概念亦是如此。考虑到股票市场作为金融复杂系统的一部分，其本身也是一个复杂系统，本书认为，在讨论股票市场稳定性时，必须强调其复杂系统的特性。因而，本书将使用“股票市场系统稳定性”的表述方式，尝试给出一个明确的定义，并作为本书的研究对象。

目前，国内外学者对于股票市场稳定性的研究大体上分为两类方法：一是借鉴国际货币基金组织的金融部门评估规划小组（Financial Sector Assessment Program，以下简称 FSAP）提出的金融稳健性指标体系（Financial Soundness Indicators，以下简称 FSI）的方法构建评估指标体系从正面分析股票市场的稳定性；二是按照金融不稳定假说的思路从稳定性的反面视角来反证股票市场的稳定性，比如股票市场的脆弱性和系统性风险研究，这类方法更为直观、有效，且便于理解，甚至于能更好地衡量股票市场的稳定状况。

本书综合应用这两类研究方法的优点，结合生态学中的稳定性结论，构建股票市场系统稳定性的识别和评价标准，探讨针对我国股票市场系统稳定性的更加准确的评价方法，并提出相应的政策建议。因此，研究股票市场系统稳定性的评价方法是对现有研究的有益补充,具有一定的理论意义和创新价值。

1.2 相关概念

1.2.1 金融稳定的概念

国内外学者、各国政府和国际性机构对金融稳定有各种不同的阐述，张洪涛和段小茜（2006）将金融稳定的定义分为几类：抵御冲击说、要素描述说、金融功能说、管理系统性风险说和金融不稳定说。

抵御冲击说，认为金融稳定是指金融体系能够抵御外部冲击的破坏性影响，使银行将存款配置给最优的投资机会，以及保障经济活动中的支付结算不会受到冲击的影响。

要素描述说，其代表人物是 A. Crockett 和 Michael Foot。他们认为，金融稳定是指金融体系中几个关键性要素保持稳定：一是关键性的金融机构保持稳定，储户和投资者信任该机构，相信它有履行义务的能力而无须外部支持；二是关键性的金融市场保持稳定，市场参与者能以合理价格进行交易，该价格能充分反映市场基本要素的价值，并在基本面未发生剧烈变动或异常波动（Crockett，1996）。而且，金融稳定必须具备四个基本条件：一是货币基本保持稳定；二是就业水平接近自然就业率；三是关键的金融机构和市场运转良好；四是实体经济或金融资产的相对价格变化不会影响货币稳定和就业水平（Foot，2003）。

金融功能说，主要是由银行提出的。该学说指出，金融稳定是指金融体系处于一种稳定的状态，在此状态下，能够履行其资源配置、风险管理、支付中介等经济职能（Crockett，1997）。另外，金融稳定是金融体系处于这样的一种状态，使其能够跨行业、跨时间地有效配置资源，评估和管理金融风险（Houben 等，2004）。在此基础上，只要金融体系能够抗击金融内外冲击造成的不平衡，并持续履行其经济职能，金融体系就能够处于不同层次的稳定状态（Schinasi，2007）。

管理系统性风险说，主要是由银行家和机构从管理风险角度提出。维护金融稳定必须重点关注金融体系的系统性风险，以避免危机的爆发。管理系统性风险，是设计金融稳定政策和鼓励市场创新的重要工具（Wigner，1959）。系统性金融风险是指某一突发事件引发金融体系的价值损失、信心丧失或风险增加，有可能会对实体经济产生负面影响的金融风险（Schinasi，2007）。

金融不稳定说，主要是由国外经济学家或金融学家在各自研究过程中提出的，即金融稳定是指不存在金融不稳定的状态。该学说认为，金融不稳定是指整个金融体系中的资产价格波动和金融机构违约而可能破坏经济运行的情形（Crockett，1997）。同时，金融不稳定是由于信息不对称对金融体系的冲击，使得金融体系不能正常履行其资源配置的功能，资金不能投入具有生产效率的贷款项目（Mouratidis，2008）。另外，金融不稳定是指这样一种状态，它会降低某一金融机构或金融市场的运转，使其不能为其他经济实体进行资金配置，并可能给家庭、企业和政府部门等带来损失（Chant，2003）。该学说还指出，金融不稳定具有以下几个特征：一是一些重要金融资产的价格无法反映其基本面运行状况；二是金融市场的正常运行及资金信贷无法得到保证；三是经济总支出无法适应经济生产能力（Ferguson，2002）。

综上所述，关于金融稳定的定义，出于不同的研究目的和监管原则，各国学者、政府机构主要是从两个方面来阐述金融稳定的内涵。一是正面描述的视角，指出金融稳定的主要特征和基本条件，进而界定金融稳定的主要内涵。二是反面论证的视角，管理系统性风险，使金融体系不存在金融不稳定状态，则实现金融体系的稳定。相对而言，管理系统性风险和金融不稳定学说更能体现金融稳定实现过程中的本质问题，更具备对金融系统的概括和解释，更具有一般的适应性，并逐渐为各国政府和学者所接受。2005 年 11 月 7

日，中国人民银行发布了《中国金融稳定报告 2005》，采用金融功能说对我国金融进行界定，即金融稳定是指金融体系处于能够有效执行其关键功能的稳定状态。

1.2.2 股票市场系统稳定性的概念

1. 股票市场系统稳定性的定义

股票市场作为金融市场的重要组成部分，股票市场系统稳定性亦属于金融稳定的一部分，是其中的重要环节。但是，已有的外文文献中，很少出现股票市场系统稳定性(stock market systemic stability)或者股票市场稳定性(stock market stability) 的概念，国外学者还没有关于此概念的严格定义。由于我国的股票市场是资本市场中最重要的一环，且其在金融体系中有特殊地位，国内学者有时会将二者混为一谈，出现了不少资本市场稳定性或股票市场稳定性的概念，但这些定义均是从各自的研究视角出发，很难获得广泛的认可。

一部分学者认为，股票市场稳定是指股票市场处于一种理性的波动状态，不会发生异常波动或过度波动（刘锡良，2000）。有的学者将股票市场稳定性定义股价的稳定性，包括股价指数和单个股票价格在短期波动之后具有回复能力（宋增基、杨俊、李春红，2003）。维持稳定性是股票市场的基本设计原则和政策目标。有的学者认为，股票市场稳定性是指资本市场的价格处在一种正常、合理的波动状态，股价的波动能够真实地反映股票的公允价值，股市能够反映实体经济的变化，真正发挥一国经济晴雨表的作用（尚福林，2008）。还有研究人员将系统论的研究引入股票市场稳定性的研究，他们认为，系统稳定性是指系统受到外部扰动后，该系统具有在有效边界内波动且回复初始均衡状态的能力。股票市场作为一个系统，它的稳定性也是一种受到干扰后恢复初始平衡的能力（许涤龙、叶少波，2008）。

第二类是借鉴金融稳定的金融功能说和管理系统性风险说的基本理念，从系统性风险的角度出发，研究股票市场的稳定性与脆弱性，提出了股票市场稳定性的定义。该类定义涉及了股票市场稳定实现过程中的相关本质问题，能够较好地概括和解释现实，较好地适应股票市场的现实情况。周钟山（2009）结合市场制度和金融功能的两个分析视角，对资本市场稳定做了一个明确的定义：只要整个资本市场能够抗击内生或由于外部冲击造成的不平衡，继续履行提高国民经济运行效率的职能，资本市场就处于一系列不同层次的稳定状态。刘钊（2009）从狭义和广义两个角度去理解股票市场的脆弱性，从反面来论证股市的稳定性。林志平（2011）认为，资本市场稳定性是指证券价格、交易量等市场表现和证券发行、市场融资等市场功能发挥相对稳定，不出现大起大落。

已有的定义对股票市场系统稳定性的描述大多比较片面，其理论基础仍然是传统金融理论的范畴，无法概括股票市场的系统特性。因此，从系统科学的角度重新定义股票市场系统稳定性是有必要的。

金融系统是一个以在空间和时间上优化配置社会资源作为目标的开放的复杂巨系统，股票市场作为金融系统的一个子系统，也是一个复杂巨系统。这是因为股票市场本身与外部环境有大量的资金和信息交换；股票市场是由大量的市场参与者组成，而每一个参与者都可以看成一个独立的决策子系统，其决策机制、决策目标是动态变化的，并与其他决策子系统及外部环境产生信息交换；作为市场的参与者，不仅投资者、金融中介机构、政府监管部门的特性各有差异，而且在同一类参与者中，每一个主体的决策行为都是异质的。因此，不能简单地通过直接观察股票价格的运动来寻求其规律，而应利用非线性和系统科学的理论和方法，考察每一个异质的市场参与者的个体行为及其与外部环境的信息交换行为，从而通过涌现方式获得关于股票市场的整体动态行为的规律。

在系统科学中，系统是由若干个相互作用又相互依赖的组成部分构成，具有特定功能的有机整体，同时又是它所从属的更大系统的一个组成部分。如果该系统受到扰动，会偏离原来的均衡状态；当扰动消失后，系统能够以足够的准确度且快速地恢复到原来的均衡状态，则系统是稳定的。否则，系统是不稳定的。可见，系统稳定性是该系统在扰动消失之后，其自身所具有的一种恢复均衡的能力，是一个稳定的系统与生俱来的特殊属性。然而，自然界的扰动是无法完全消除的，系统的均衡只能在旧的扰动消除后短暂地存在，并且在新的扰动出现后被打破并达到新的均衡，以实现系统的进化。事实上，正如普利高津（I. Prigogine）所宣称的那样，一个物种或系统要想生存与进化，它必须“远离均衡”。也就是说，一个有生机的系统必然处在开放的状态下，不断地与外界进行物质、能量与信息的交换，不断地进行新陈代谢，以螺旋方式不断地进化。

股票市场作为复杂巨系统，是由大量异质的市场参与者与外部环境之间的资金和信息交换行为组成的，扰动无时无刻不存在，股市的均衡状态难以持续，更多的是呈现出非均衡的状态。这与系统科学中的系统概念不谋而合。因此，股票市场系统稳定性可以定义为股票市场自身具有的一种恢复能力，在外部冲击消除后重新达到均衡状态的能力。当股票市场处于系统稳定状态时，即使受到冲击，股市仍能够快速恢复均衡；在新的扰动出现时，股市也能迅速达到新的均衡。

股票市场系统稳定性是股市所固有的一种特性，但这种特性难以衡量，存在却又捉摸不透。由于股票市场具有的复杂巨系统特性，股票市场能够达到均衡但不能在均衡状态持续，总是围绕均衡状态波动。因此，股票市场系统稳定性的衡量可以用这种波动的幅度来间接测度。首先，这种股票市场在均衡状态附近波动的幅度并不简单地指股票价格或股票指数的波动幅度，还包括股票市场所处的环境及自身的波动情况。其次，本书根据股票市场波动幅度的大小来划分股票市场所处的状态。当股票市场达到均衡状态时，即波动幅度为零，笔者认为，此时股票市场是稳定的，达到“绝对稳定状态”，但不能长久维持，且不是常态；当股票市场波动幅度维持在一个较小范围内时，市场参与者能够正常地与外部环境交换资金、资源和信息，市场交易活跃，则称之为“相对稳定状态”，亦即通常意义上的稳定状态；当股票市场受到外部冲击时，股票市场波动幅度加大到一定程度，外部环境与股市的资源配置通道不畅，股票市场风险急速积聚，此时股票市场处于“不稳定状态”，甚至“危机状态”。显然，股票市场的绝对稳定状态是暂时的，相对稳定状态是常态化的，而不稳定状态是小概率事件。因此，本书在后文中提到的稳定状态通常是指“相对稳定状态”。

2. 股票市场系统稳定性的内涵

讨论股票市场系统稳定性问题，还需要明确其内涵所在。在本书中，笔者借鉴金融稳定的定义，将股票市场系统稳定性定义为以下三个层次内涵：第一，金融生态环境处于稳定状态，政治体制稳步改革，宏观经济稳健运行，法律法规体系平稳建设，不会出现突发的系统性变故，为股票市场稳定提供基础保障；第二，股票市场本身运行健康良好，交易机制安全高效，积极培育机构投资者，创新金融产品，完善各种稳定机制，建立完善的市场制度，即使在外部冲击下市场依然能发挥其功能；第三，股票价格处于正常波动状态，且围绕宏观经济和特定行业基本面波动，不会出现持续的异常波动。

第一层次内涵属于金融生态学范畴，是股票市场稳定运行的基础，也是股票价格的基本面，能够影响股票的定价和市场的稳定性。股票市场作为金融生态主体的一部分，以追求利益最大化为目标，这就要求市场上的每个行为主体——上市公司、金融机构、投资基金和投资者都不是消极被动地对待环境的作用，它可以从自身的组织形态、运作模式、运营管理、金融创新方面不断调整，以适应环境的变化。反过来，金融生态环境的改变会影响股票市场的系统稳定性。股票市场所处的金融生态环境，既包括宏观经济、政治、军事、法律等因素，也来源于金融体系内其他市场的竞争。金融生态环境一旦陷入不稳定状态，比如，国民经济增长持续衰退，利率上升，汇率突然暴跌，国内政局动荡，法律制度不全，都容易使股票市场陷入混乱，出现股票价格的持续暴跌，股市的系统稳定性将不复存在。

第二个层次内涵代表股票市场作为一个复杂系统稳定运行的条件，是股票市场系统稳定性不可忽略的要素。股票市场运行稳定，交易机制完善，信息披露公开，发行定价合理，为股票市场的系统稳定性提供了技术保障。而且，股票市场的自然选择使市场上的每一个行为主体之间必然存在差异性，这种差异性产生了丰富多彩的产品和机构，市场呈现出多样性。股票市场的多样性，又促使其行为主体之间相互作用，这表现在股票市场中的资源利用和时空分布上，相互之间既竞争又彼此合作 ，最终形成了相互依赖的分工合作关系，并使市场达到相对稳定的状态。因此，由多样性组成的股票市场能够更高效地利用环境资源，最优化资产配置，维持市场的有效性，具有更大的稳定性。即使在遭受外部冲击时，股票市场也能迅速采取措施，保证股票交易的安全有效。例如，2013 年 8 月 16 日光大证券的“乌龙指”事件，股指在上午 11 点后出现异常波动，短时间内涨幅达 3.19%。午后，监管部门人员入驻光大证券，随后，股指迅速回落，恢复正常运行。

第三个层次内涵是股票市场系统稳定性的外在表征，也是众多学者的研究对象。股票价格的波动性常被用于测度股票市场的系统性风险，是从反面论证股票市场稳定性的主要指标。实际上，股票市场系统稳定性是一个相对的概念，是相对于股票市场的波动而言，是股票市场从波动回复均衡的一种固有属性。股价的波动性本身是股票市场稳定运行的内在属性，是股票市场系统稳定性的基础保障。股票市场系统稳定性不是要求股票价格的“绝对稳定”或不波动，而是要求股价的“相对稳定”，股价在短期内波动，长期处于均衡状态，不会出现异常波动或剧烈波动。因为异常波动给市场带来更多的不确定性，打击投资者热情，扰乱投资者对未来收益的预期，使得资源配置功能难以发挥，其他经济职能也无法完成。所以，从股票市场运行的内在要求上看，股票市场系统稳定性在内涵上是使股价能够围绕其公允价值在一定幅度内波动，不出现异常波动或剧烈波动，以达到优化资源配置、提高市场效率的目标。

3. 股票市场系统稳定性的研究视角

虽然金融稳定的概念众说纷纭、各有千秋，但总的来说，不外乎两种研究视角——正面描述和反面论证。股票市场作为金融系统的一个子系统，对股票市场系统稳定性的研究也可视为金融稳定研究的一个分支。因此，对股票市场系统稳定性的研究通常也分为两种研究视角——股票市场（系统）稳定性研究和股票市场系统不稳定性研究。

股票市场（系统）稳定性是一种正向的研究视角，目前的研究集中于研究股票市场系统稳定性的阐述及其影响因素分析，以及据此构建稳定性评价指标体系，借鉴 FSI 体系的方法来综合评价股票市场的系统稳定性。“不稳定即风险”，股票市场系统稳定性研究的反向视角是股市脆弱性和系统性风险等。股票市场脆弱性是金融市场脆弱性的表现之一，股票市场脆弱性主要体现在股票市场价格活动的脆弱性，也包括证券公司经营的脆弱性、上市公司运行的脆弱性、证券监管机构的脆弱性等。

已有的研究通常只分析其中的某一视角，本书则综合考量两个不同的视角，确定其识别标准，构建评价指标体系，研究我国股票市场的系统稳定性，分析我国股市所处的运行状态与运行规律，为股票市场的稳健发展提供一些绵薄之力。

1.3　研究思路及技术路线

1.3.1　研究思路

鉴于前面对研究的实践背景和理论背景的评述，对本研究所具有的实践指导意义和理论价值的阐述，以及对金融稳定和股票市场系统稳定性概念的界定，本书将在经济自由化、金融全球化的背景下，以提出问题、分析问题和解决问题为线索，以宏观金融问题寻找微观金融基础，在宏观金融理论和微观金融工具及方法相结合分析问题的基础上，为宏观金融决策提供支持。具体是以金融稳定理论、资本市场理论、金融风险管理理论及相关文献为研究基础，分析和探讨我国股票市场系统稳定性的影响因素，建立识别与评价股票市场系统稳定性的标准，应用综合指标法构建评估指标体系，评估和监测我国股票市场系统稳定性。首先，结合已有的经济金融理论和研究成果，全面考察我国股票市场系统稳定性的影响因素及其影响机制，定性地分析各因素对股票市场系统稳定性的影响作用。其次，应用复杂网络理论和生态学中的 May-Wigner 稳定定理，构建股票市场相关性网络，计算 m 指标，据此识别和评价股票市场的稳定性。再次，按照科学性、系统性、可行性等原则，从所有的影响因素中选择备选指标集，应用 KLR 信号法分析各指标的有效性，构建评估指标体系，计算综合预警指数，评估和监测我国股票市场的系统稳定性状态。最后，分析 2015 年 6 月以来发生的“股灾”，总结本书的研究结论，提出关于我国股票市场系统稳定性的相关政策建议。

1.3.2 技术路线

具体的技术路线如图 1-2 所示。

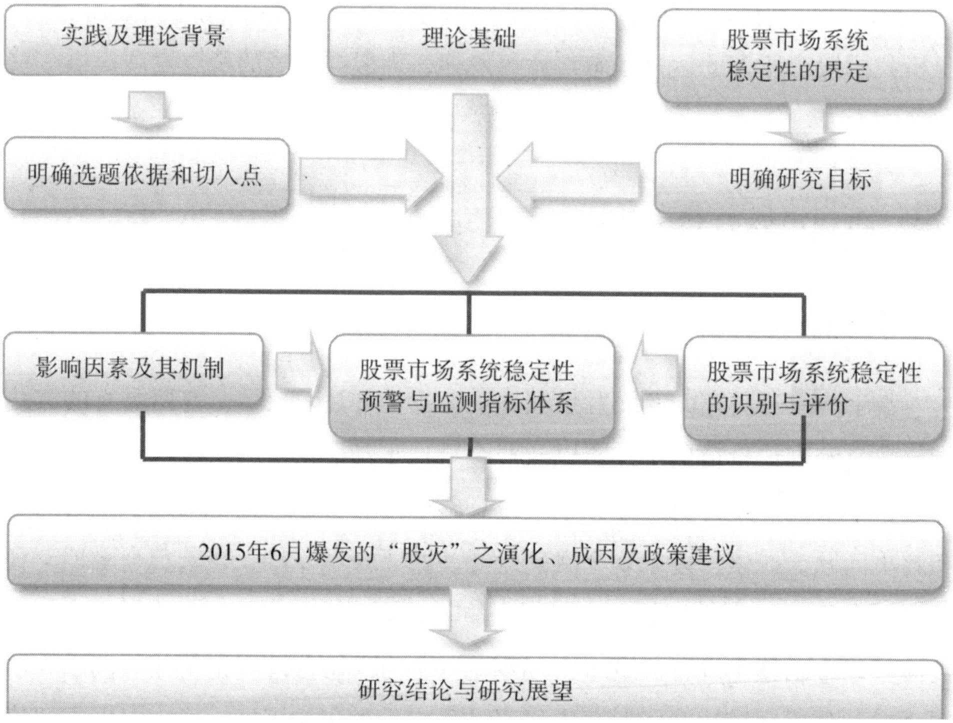

图 1-2 本书的技术路线图

1.4 研究内容与章节安排

历次金融危机的发展历程表明，经济的“晴雨表”——股票市场的动荡总是优先于金融危机的爆发，因而研究股票市场的稳定与否是具有经济意义的。股票市场作为金融体系的一部分，也可以视为一个复杂系统，它的稳定性必然会影响到金融稳定，而且股票市场的稳定性不能简单地以股票价格的稳定来衡量，因此，本书将围绕着金融稳定到股票市场稳定性的逻辑顺序展开后续研究，论文共分六章，章节安排如下。

第 1 章为导论，主要介绍开展这项研究的背景、意义、目标等内容。本书把握经济全球化、金融全球化的背景，将股票市场当成一个复杂系统来看待，提出股票市场系统稳定性的明确定义及其内涵，介绍论文的研究目标、研究内容和技术路线等。

第 2 章为相关理论及文献述评，主要阐述金融稳定的理论和测度方法研究，资本市场理论中关于股票市场稳定性和系统性风险两个方面的研究成果，并且简要评述现有研究的不足，确定本书的研究工作。

第 3 章是股票市场系统稳定性的影响因素研究，从环境因素、宏观因素、中观因素和微观因素等四个层次讨论股票市场系统稳定性的影响因素及其影响机制，定性地分析各影响因素的相对重要性。

第 4 章是股票市场系统稳定性的识别与评价研究，主要是按照不存在不稳定即稳定的逻辑思路，结合平均相关系数与 May-Wigner 稳定性定理，构建 m 指标，识别我国股票市场系统稳定性，评价股市的运行状态。

第 5 章是股票市场系统稳定性预警与监测指标体系研究，主要内容是从宏观环境、市场结构和投资者行为等三个方面初步选择待选指标阵列，基于准确性和时效性的考量，应用 KLR 信号法，分析各个待选指标的有效性，从而筛选出预警指标，构建预警指标体系，并利用等方差加权法构建综合预警指数，预警和监测股票市场系统稳定性。

第 6 章是 2015 年 6 月始的“股灾”之演化、成因及政策建议。根据本书所构建的股票市场系统稳定性的评估指标体系，本章主要是从宏观视角和微观视角深入讨论了 2015 年“股灾”爆发的原因，并据此提出了实行适度监管、推行市场化进程、加强投资者教育和构建有效的监管体系等政策建议。

第 7 章即研究结论和研究展望，主要是总结本书的研究成果，可能的创新点、不足点及对未来进一步研究提出一些建议。

1.5 研究方法

第一，多学科交叉研究。本书将从经济学、金融学、风险管理、系统论、生态学等多学科、多角度地分析我国股票市场系统稳定性的理论内涵、发展特征。例如，本书将引入系统论的研究方法，把全球资本市场看成一个开放的、复杂巨系统，我国股票市场是其中的一个子系统，从系统理论出发，结合生态学暗点，重新界定股票市场系统稳定性的内涵。

第二，文献解读与国际比较结合。在收集、解读国内外关于金融稳定和股票市场稳定性相关文献的基础上，归纳总结国内外理论研究和实践创新的成果，分析和比较国内外的经验教训，从中得到有利于我国股票市场系统稳定性的启示。

第三，定性分析和定量分析相结合。从理论上，定性分析股票市场稳定性的表现特征、影响因素与作用机制，建立评价指标体系。从实践上，定量分析经济因素对股票市场稳定性的影响程度，应用主成分分析法，构建股票市场系统稳定性的综合预警指数，探讨该指数的数量特征；结合复杂网络和生态学知识，应用平均相关系数的测度方法，从系统性风险的视角反向监测我国股票市场的稳定性状态。

第 2 章　相关理论基础及文献综述

现代金融理论体系中，金融稳定问题一直都是各国政府、学者及国际性经济组织研究的焦点问题。股票市场作为金融体系的一个重要的子系统，它的稳定性属于金融稳定的一部分，也是本书重点关注的问题。因此，本章首先从金融稳定的理论出发，从系统论的研究视角，阐述现有研究中关于股票市场系统稳定性的评估与监测的研究进展。

2.1　有关金融稳定的研究

2.1.1　关于金融稳定理论的回顾

何德旭等人所著的《中国金融稳定：内在逻辑与基本框架》（2013）将金融稳定的相关研究大致分为两类：一类是马克思对货币危机与金融不稳定的研究；第二类是经济学家关于金融稳定的研究。早期的研究主要是从宏观经济学的角度出发；直到 20 世纪 70 年代末，关于金融稳定的研究则借助信息经济学、博弈论等现代手段，从微观角度推动金融稳定研究的进一步深入。

1. 马克思关于货币危机与金融不稳定性的论述

关于货币危机与金融不稳定性乃至金融危机的内在关系，马克思的研究可以分为三个层次。第一，在简单商品经济条件下，金融不稳定来源于货币的支付中介功能。货币在产品的生产、运输、销售的流通过程中起到了支付中介的作用，这也有可能引起经济危机。因为在商品的简单流通过程中，如果其中某一方或特定环节发生违约而拒绝支付，则有可能导致一系列的违约，造成“不论由什么引起的机制的总失调”，相互关联的违约事件及相应的清算制度就会中断，进而导致商品必须以亏本的价格出售，这对于商品的生产者或所有者而言，无疑是亏损的。严重时，如果流通过程的大部分环节均出现支付违约，则可能导致整个市场的灾难，乃至经济危机的爆发。

第二，在信用经济条件下，经济的不稳定产生于信用制度和金融交换的复杂性。随着信用经济的不断发展，发达的金融体制使得经济体系越发复杂。工业生产和商品交换离不开信贷的支持，错综复杂和范围扩大的金融体系增加了经济的复杂性。如果某一个环节或链条断裂，将导致与之相连的环节断裂，进而影响到整个金融体系和经济体系，最终将造成金融危机或经济危机。另外，金融体系的复杂性同样带来了金融体系的脆弱性，危机可能会由于某一环节或链条受到某种冲击而加剧。

第三，在资本主义经济条件下，经济的不稳定来源于资本积累的本质运动。马克思对于资本主义经济危机做了大量的阐述与论证，提出了几种观点。其中，从经济危机发生的逻辑必然性来看，资本积累的周期运动必然会造成经济危机。由于工业经济的积累是以剥削劳动阶级的剩余价值来实现的，且货币经济或信用经济是建立在此基础之上的，因此必然会受到资本主义工业经济周期运动的影响，使得危机爆发的可能性成为必然性。这一点已经由历史上多次爆发的经济危机所证实。

2. 宏观经济理论关于金融稳定的分析

在宏观经济理论中，对金融危机或金融稳定的分析往往也是各学者研究的一个重要范畴，如经济周期理论就认为经济周期的萧条阶段往往伴随着金融危机爆发的可能；金融不稳定假说认为以银行为代表的信用创造机构和借款人的特性使得金融体系具有天然的不稳定性，并且对金融危机的周而复始做出了解释；货币主义学派强调了货币因素对金融稳定的重要作用，货币存量增速的易变性会导致银行业危机。这些理论对于理解和解释金融危机起到了重要的作用，本书将在下文简要介绍各学派学者关于金融危机或金融稳定的研究。

（1）经济周期理论中的金融稳定

从反面论证的视角出发，经济周期理论通过对金融风险或金融危机的研究来分析金融稳定问题。其中，凯恩斯强调投资预期的不确定性是经济周期中出现金融危机的主要原因。他认为，经济运行发生周期性变动的主要影响因素是资本边际效率的循环变动。当经济形势良好时，投资获利的可能性高，容易引起投资过热；随着更多投资的涌入，盈利空间变窄，导致投资的预期不能实现。如果此时投资环境再持续恶化，投资的边际效率下降，经济将进入下行阶段。如果资本的边际效率突然崩溃，则很有可能导致危机的爆发。由此可见，一个典型的危机，爆发的原因往往不是力量的上涨，而是资本边际效率的突然崩溃。

（2）金融不稳定假说

海曼·P. 明斯基在 1972 年提出了著名金融不稳定假说（Financial Instability Hypothesis），并在 1985 年和 1991 年对该学说做了修改。这一假说在金融危机史上具有十分重要的影响地位，其基本观点是以商业银行为代表的信用创造机构和借款人的特性使金融体系具有天然的内在不稳定性，即不稳定性是现代金融制度的基本特征。明斯基认为，现实经济中有三种融资行为，包括对冲型融资（Hedge Finance）、投机型融资（Speculative Finance）和庞氏融资（Ponzi Finance）。在经济周期由复苏—繁荣—衰退—萧条的不断变化过程中，投资者的融资行为会出现所谓的市场换位，即对冲型融资逐渐换位于投机型融资，投机型融资则换位于庞兹融资。当市场上的融资行为出现大规模的换位后，这将导致盈利部门的资产价格迅速上升，融资成本增加，造成市场过度繁荣和投资过热的虚假景象，相应地扩大经济中的投机倾向和泡沫成分。因为投资过热和虚假繁荣，市场开始担心投资的未来收益，这种担忧会逐渐增强并随着银行信贷的中断将发展成为恐慌。接下来，就是金融市场的崩溃，经济进入衰退或萧条阶段。因此，由于借贷双方的行为特性使得金融体系天然的具有不稳定性。

虽然明斯基把金融危机的爆发主要归因于经济周期波动，但也强调金融自身内在的特征也是危机产生的重要原因。他认为，不仅是因为市场经济具有长周期运行的特点，更是因为金融市场具有的两种典型特征。一是“代际遗忘”，当新的获利机会出现时，人们往往会忘掉过去的金融危机带来的痛苦，预期当前的盈利趋势将持续下去，进而推高资产价格，推动信贷的扩张。二是“竞争压力”，商业银行担心日益激烈的市场竞争会使他们失去顾客和市场，为争夺客户和资源，银行可能会做出许多不谨慎的贷款决策，盲目扩大银行的信贷规模。

（3）货币主义中的金融稳定性

以弗里德曼和施瓦茨为代表的货币主义强调了货币因素对金融稳定的作用。他们认为，货币需求函数是一个由许多变量决定的函数，受价格水平、资产收益率、收入水平和其他因素的影响，在经济运行良好阶段是一个稳定的函数。货币学派的美国学者 Brulmer 和 Meltzer 提出货币存量增速与这种增速的易变性导致银行业危机的理论①。他们认为，货币存量增速突然大幅下降对于金融危机的产生具有重大影响。中央银行实施宽松或紧缩的货币政策将影响货币供应量和货币存量增速。如果中央银行对于货币政策的制定不当，这可能会使央行对货币供给的控制而导致货币过分紧缩。即使当时的经济处于平稳运行状态，突发性的大幅度降速会迫使银行出售资产以保持必需的资本金要求，导致资产价格快速下降、利率上升，进而提高银行的运营成本和影响银行的偿付能力，存款人对银行的信心也会受到打击，严重时可能会发生挤兑现象，导致大量银行破产倒闭，引发金融危机。

3. 微观经济理论中的金融稳定分析

除了从宏观经济理论角度来分析金融稳定，国外很多学者也从微观视角

① 引自张旭 . 经济安全的制度因素探析 [M]. 理论导刊，2004（12）.

分析金融稳定或金融危机。借助博弈论和信息经济学的分析方法，他们通过建立分析模型，研究金融稳定性的微观影响因素，并取得了长足的发展。Diamond 和 Dybvig 提出的银行挤兑模型与 Stiglitz 和 Weiss 关于信贷市场总是存在逆向选择和不当激励的论证，是两种具有代表性的观点。

（1）银行挤兑模型与金融稳定

基于 Kindleberger 的太阳黑子论，Diamond 和 Dybvig 运用信息不对称和博弈论的理论和方法提出了银行挤兑模型。他们认为银行挤兑的发生主要源于存款人的信心问题，而信心问题一直反映在挤兑发生的整个过程。同时，他们认为银行的破产成本是相当高的。一旦某个银行倒闭必然会带来两个后果，即生产性投资贷款的终止与存款人之间风险分担模式的破坏。由于银行系统的复杂性，一个银行发生挤兑，其他银行同样会受到影响，导致存款人对整个银行系统的信心缺失，严重时将导致银行系统的瓦解和其他经济问题的发生，进而造成金融危机的爆发。另外，他们也提出了避免发生银行挤兑的措施，就是将政府的存款保险作为防止挤兑平衡的工具，在实施存款保险的情况下消除挤兑。

（2）信息不对称与金融稳定

信息不对称理论被广泛应用于金融市场上的各个方面，从股市涨跌、信贷供给到市场占有等。它具有内生性和广泛性，难以从根本上加以消除，使得金融市场有效性难以实现。信息不对称经常会导致两种后果——逆向选择和道德风险，当信息不对称越发严重时，会使得金融体系变得不稳定，风险持续累积，将爆发金融危机。

在逆向选择与金融稳定的关系方面，最具代表性的是斯蒂格利茨（Stiglitz）和魏斯（Weiss）的关于信贷市场总是存在逆向选择和不当激励的论证。他们认为，当经济处于繁荣时期，丰厚的利益会诱使银行扩大信贷规模，赚取更多的利息收入。一旦经济形势发生逆转，之前高收益的项目容易出现严重问题，出现违约，给银行带来巨额损失。另外，从银行角度出发，如果内部控制不严，信贷员为了经营业绩上的奖励也使其更加倾向于选择高收益的投资项目，使得银行信贷成本整体提高。但是，银行贷款利率的实际提高，会使得其他的贷款者因为贷款成本的增加而减少信贷规模，导致贷款的供给不足，造成信贷市场的萎靡。利率的上升还会引起股票市场和外汇市场的波动，股票价格持续下跌、货币贬值，从而引发金融不稳定或风险。当风险积聚到一定程度后，在外部事件的冲击下，极有可能发生金融危机。

在道德风险与金融稳定的关系方面，Mishkin（1999）认为银行危机与道德风险密切相关。他认为逆向选择和道德风险使得信息不对称问题严重恶化，导致银行无法将资金有效配置到具有最佳投资机会的部门，造成银行危机的爆发。刘锡良（2002）认为道德风险是造成金融体系脆弱性的根本原因，当遭到外部冲击时，金融体系无法承受急剧累积的风险，最终导致亚洲金融危机的爆发。另外，还有一些学者认为，最后贷款人制度也会诱发道德风险。Freixas 和 Roch（1997）认为中央银行的最后贷款人制度会导致银行的管理者和股东过度的风险承担行为，Kaufman（1991）和 Tirole（1996）则认为由于最后贷款人制度，中央银行会为即将破产的银行提供风险资本，导致不受存款保险制度影响的存款人弱化。

2.1.2 影响金融稳定的风险来源

影响金融稳定的风险来源主要分为两类：一是外生风险来源，主要是宏观经济和外部冲击；二是内生风险来源，主要是金融机构和金融市场的内部风险积累、基础设施的不完善和货币政策措施失当。

1. 外生风险来源的影响

外生风险来源主要来自宏观经济因素和外部冲击。从西方经济理论来看，一国经济结构如果不合理，则会导致该国经济失衡，金融体系脆弱。一旦货币政策不当或遭受突发事件冲击，该国金融体系将变得不稳定，严重时有可能爆发金融危机。亚洲金融危机的爆发就是一个真实的案例。1997 年 7 月初席卷整个亚洲的金融危机从泰国开始，其直接原因是以索罗斯为首的投机集团对泰国、马来西亚、新加坡等国货币的攻击，但根本原因还是在于泰国、马来西亚、新加坡、日本和韩国等亚洲国家的外向型的经济形态导致的国内经济体系失衡。他们对世界经济的依附很大，经济的发展与美国经济发展密不可分。同时，当时这些国家实行的都是盯住美元的外汇政策，自身的外汇储备不足，外来资本都是投资于股市和房地产为主，面对金融投机者的炒作，外汇不堪一击，经济体系直接崩溃。

由历次爆发的金融危机来看，宏观经济因素起到了关键作用。通过总结已有研究的研究结论，宏观经济因素中的 GDP 增长率、国外实际利率、国内实际利率、资本流入量和资本流出量将会影响金融稳定。一国的 GDP 决定了该国的经济发展水平。当 GDP 增长速度过快时，该国经济有可能处于投资过热阶段，银行盲目扩大信贷规模，民众盲目投资，虚拟经济蓬勃发展，容易产生泡沫。如果不及时调整，经济泡沫破灭，则会爆发金融危机。因此，GDP 增长率与金融稳定是负相关的关系。国外实际利率和国内实际利率与金融稳定呈现正相关的关系。因为国内外实际利率的比较关系反映了本国货币的实际价值，二者的同步增减体现了该国货币价值的稳定，有利于该国金融体系的稳定。大额的资本流入量有利于该国吸引外资，有利于外商直接投资的规模，有助于金融体系的稳定性。

关于外部冲击与金融稳定的关系研究中，学者们主要关注政治事件、自然灾害及重要机构倒闭带来的影响。当外部事件突然爆发时，它很容易引起经济环境的动荡，很可能会重创市场信心，影响整个金融体系的正常运转，引发金融不稳定。例如，神户大地震的爆发就破坏了 20 世纪 90 年代日本经济的复苏态势，金融体系持续动荡，加剧了日本金融体系的不稳定。在次贷危机之后，巴曙松（2007）指出，维护金融稳定的关键因素是防范未预期扰动因素带来全球资产投资领域的交互式影响。国际货币基金组织（International Monetary Fund，IMF）（2009）认为，禽流感可能对国际金融体系和世界经济造成破坏性影响。

2. 内生风险来源的影响

金融体系的稳定性除了受外生因素的影响，其自身内部的风险积累也起到了关键性作用，包括金融市场和金融机构面临的各种风险。单个金融机构积累的风险达到一定程度时会引发该机构的经营失败乃至破产清算。由于金融体系的复杂性和高关联性，这有可能引发连锁效应，导致大量关联机构的破产倒闭，甚至威胁整个金融体系的安全。在整个金融体系中，银行占据了非常重要的地位，银行系统的稳定是整个金融稳定的核心（吴敬琏，2002）。银行的信贷规模增长速度过快，可能会导致违约率的增加，进而危及银行的经营安全，降低银行的流动性，导致银行的破产。由此可见，银行信贷增长速度与金融稳定是负相关的关系。

金融市场面临的风险主要是由于金融结构失衡、金融创新不当、价格异常波动等因素造成的，金融稳定与这些因素也有很大的关系。戈德史密斯（Goldsmith）把各种金融现象归纳为三个基本方面——金融工具、金融机构和金融结构，用金融相关比（Financial International Ratio，FIR）来衡量一国的金融发展程度。金融结构越发达，金融工具和金融机构提供的选择机会就越多，人们从事金融活动的欲望就越强烈，储蓄总量的增加速度就越快。在一定的资金总量下，金融活动越活跃，资金的使用效率就越高。因此，金融越发达，金融活动对经济的渗透力越强，经济增长和经济发展就越快。反之，如果一国金融结构失衡，则会使该国经济增长缓慢，金融不稳定。

金融创新与金融稳定的关系比较复杂，国内外学者对于二者的关系仍存在较大分歧。本书认为，一定程度的金融创新有利于优化金融结构，增加金融工具，为金融机构提供更多的投资机会，提高资金的使用效率，提高金融稳定性。但是过度的金融创新及风险处置不当将导致金融危机的爆发。2007年爆发的次贷危机就是次级贷款的资产证券化产品的泛滥、衍生品的滥用、金融监管的缺失等原因而导致的。

传统的观点认为，保持金融稳定即是保持资产价格稳定，使资产价格不出现异常波动。利率稳定、汇率稳定及股票价格稳定有利于金融稳定，因为这些资产的价格与经济活动密切相关，涉及经济的各个方面。资产价格的稳定反映了投资者对市场的预期,增强投资的信心,使民众积极投资于金融市场,分享经济发展的收益，最终有助于金融体系的稳定。

金融基础设施（金融法律制度、会计准则、信息披露制度等）不完善将会给金融稳定带来威胁。首先，法律制度是保障金融体系健康发展的源泉，是投资者相关权利的保障。法律制度的完善将有利于金融体系的稳健发展。金融监管部门对金融市场的监管关键在于保护中小投资者，杜绝逆向选择和道德风险，保护投资者权利。在经济转型过程中，法律制度的完善也能杜绝企业的机会主义和非法行为，以及当地政府的不作为或非法行为，有助于金融稳定。其次，会计准则的不完善也会给金融体系带来不稳定因素。2007 年的次贷危机中，公允价值原则受到金融从业人员的广泛诟病和责难，因为依据该原则计算的资产价值在错误的情形下和真实的价格信息有很大的扭曲，导致银行在进行决策时做出错误的选择，使得银行陷入了巨大的危机之中，甚至破产倒闭。再次，信息披露制度的实施有利于金融稳定。如果信息披露充分，金融市场的透明度增强，公众能够轻易地得到各类信息，不会受财务信息的误导，市场优胜劣汰机制将发挥作用，监管部门可以在危机爆发前提前察觉、提前介入，消除风险大量积聚带来的危险。

2.1.3　关于金融稳定度量方法的研究

与金融稳定的定义类似，国内外学者关于金融稳定的度量方法也可分为两类：一是通过构建各类金融稳定评估体系来正面分析金融稳定状态；二是通过金融危机和系统性风险来反面论证金融稳定的状态。

1. 基于评估指标体系的正面分析

从正面角度测量金融稳定的研究主要来自三个方面的机构和学者。一是国际间金融机构，如 IMF 公布的金融稳健性评价体系（FSI），一经公布便引起了很大的反响。许多会员国开始引入 FSI 进行金融稳定性评估。该指标体系一直在不断完善之中，是目前应用最广泛、最权威的评估方法。二是各个国家的金融监管当局，这些金融监管当局根据本国的发展情况，制定一系列的评估指标体系，以实现有效监管和防范系统性风险的目的。三是国内外学者，他们根据自己的研究视角，从不同的角度，应用不同的模型和方法对金融稳定的度量做了大量的研究工作，编制了很多金融稳定指数。

（1）巴塞尔协议中的金融稳定性评估框架

国际清算银行巴塞尔银行监管委员会自 1975 年开始协商，1988 年推出了《巴塞尔协议 I》；1996 年开始对巴塞尔协议 I 进行修改，2004 年推出了“新巴塞尔协议”，又称《巴塞尔协议 II》；次贷危机之后，巴塞尔委员会对其做了进一步的修改，于 2010 年推出了《巴塞尔协议 III》。其中，巴塞尔协议制定和发布了一系列关于金融稳定的原则、协议、标准和建议，本书称之为巴塞尔框架（Basle Framework）。《巴塞尔协议》认为金融体系的稳定性主要由四个方面的稳定性组成，包括金融机构的稳定、金融市场的稳定、金融体系的稳定和金融监管当局的监管能力和控制能力。其中，金融机构的稳定性和金融市场的稳定性是该评估体系的基础，二者的稳定性组成了金融体系的稳定性；金融监管当局的监管能力和控制能力是金融稳定的有力保障。巴塞尔协议主要通过构建评估指标体系来评估一国金融体系中的金融机构和金融市场的稳定性问题，即 CAMELS（Capital adequacy，Asset quality，Management quality，Earnings，Liquidity，Sensitivity）标准，包括资本充足性、资产质量、管理能力、盈利能力、流动性和市场风险敏感性六个指标。自 20 世纪 90 年代以来，巴塞尔协议逐渐成为一个世界性的标准，超过 100 个国家使用该框架评估本国银行系统的稳定性，其规定的银行资本充足率、核心资本充足率、单机构贷款与其监管资本的比率等为后来主流评估办法提供了重要的参考，对减少银行倒闭风险起到了重要的作用。

（2）IMF 的金融稳健性指标体系

2001，为规范成员国之间金融稳定性的评估标准，国际货币基金（IMF）经过多个成员国多轮地讨论，提出了 FSI。经过不断的征询意见和修改，IMF

在2003年底初步完成了FSI的编制工作，并在各成员国推广该体系，旨在帮助成员国建立标准化的评估指标体系。该指标体系一经推出，各个国家纷纷响应，先后有多个国家引入或以此为基础制定金融稳健性指标体系，定期向IMF汇报。我国于2009年正式引入该体系，同年发布了我国第一份《中国金融稳定报告（2009）》，并在每年的下半年发布当年的《中国金融稳定报告》。

FSI指标体系的主要特点在于评估指标符合国际规范、综合程度较高以及较强的可操作性。IMF规定，指标的设计符合国际规范，符合巴塞尔协议的规定，便于国际间交流与比较；各项指标基本上能涵盖金融机构面临的所有风险，比较准确地反映风险状况；各项指标概念明确，统计准则统一，易于计算，且具有时间连续性、可比性。

FSI的指标集由核心指标集（Core Sets）和鼓励指标集（Encouraged Sets）组成。为符合巴塞尔协议的要求，核心指标集与CAMELS标准一致，由资本充足性、资产质量、管理能力、盈利能力、流动性、市场风险敏感度六个方面指标构成，综合评价金融体系的稳定性。资本充足性考查银行的资本充足率和核心资本充足率；资产质量考查银行的呆账比率、呆账与资本的比例、各项贷款在经济部门的分布情况；盈利能力考查银行的资本利润率、资产利润率、利息收入占比和非利息收入占比；流动性考查银行的流动资产占比和资产流动比率；市场风险敏感性主要考查银行的资产平均期限、负债平均期限和外汇头寸对资本的比率，合计有14项具体的财务指标，是对银行经营稳健性的综合评价。

核心指标集主要是考察银行系统的稳定性，也可以用来衡量非银行金融机构的稳定性。但是，由于经济机制和监管制度有所不同，非银行金融机构经营稳定性的评价指标与银行存在较大的区别。为了综合评价整个金融体系的稳定性，FSI增加了鼓励指标集，选择了银行部门、证券市场流动性、非银行金融机构、企业、家庭、房地产市场及保险机构（人寿）等七个方面共计31个二级指标来分析金融体系中的潜在风险，评估金融稳定性。

根据宏观审慎原则，中央银行可以运用FSI的各项指标从单个金融机构运行状况、金融中介体系运行状况、宏观经济运行状况等三个层面对金融体系中存在风险进行评估，发现潜在的风险积累，发现有问题的金融机构，构建防火墙，防范系统性金融风险。

（3）ECB 的金融稳定评估计划

欧洲中央银行（European Central Bank，ECB）的银行业监管委员会为了有效地防范金融风险在区域内的传染，专门成立了金融稳健性分析小组，经过对宏观审慎指标体系的研究分析，提出了银行脆弱性往往会成为金融不稳定甚至引起危机的导火索。因此，该项金融稳定评估计划主要是围绕银行系统的稳健性展开。该工作小组将影响银行系统稳定性的指标分为三类：系统性指标、宏观经济指标、危机传染因素指标。系统性指标主要是衡量银行系统稳健运行的财务指标，用来反映银行的贷款质量、流动性、风险集中度、盈利能力、资本储备等。宏观经济指标是分析宏观经济因素对银行系统稳定性的影响程度，包括居民收入、杠杆率、债务比率、价格波动、外汇汇率和资产头寸等统计指标。危机传染因素指标是衡量金融危机在不同行业、不同国家传染程度的指标，包括关联性、复杂性、羊群效应等。

（4）国内外学者构建的金融稳定指数

除了国际组织和政府机构的研究，国内外学者也对金融稳定的度量做了大量的研究工作，编制了很多金融稳定指数。总的来说，国内外学者编制的金融稳定指数主要还是以 FSI 和 ECB 的金融稳健指数为基础，结合各自的研究目的和研究视角，修改评估指标体系，应用不同的数量模型和分析方法，构建评估指标体系，编制金融稳定指数。本书也是依据这一思路，通盘考虑宏观、中观和微观因素对股票市场系统稳定性的影响，构建股票市场的系统稳定性评估指标体系，编制系统稳定性评估指数。

2. 基于金融危机或系统性风险的反面论证

由于金融稳定的难以测量与预测，而金融危机或系统性风险较易观察和测度，故国外广大学者试图从金融稳定的侧面或反面加以研究。因此，学者们提出了许多基于计量模型的对金融危机或系统性风险的研究，比较常见的方法主要有信号分析法（KLR 法）、Probit / Logit 模型、马尔科夫状态转移、STV 模型、自回归条件风险模型、VaR 和压力测试、二元分类树等，相关研究成果比较丰富。下面本书将就其中几种方法简单地进行阐述。

（1）信号分析法

信号分析法首先是由 Kaminsky、Lizondo 和 Reinhart（1997）开创，在 Kaminsky 和 Reinhart （1998）中得到改进，简称 KLR 方法。这一方法首先根据相互作用关系大致确定指标的选择范围，然后确定危机信号的阈值。再次，根据信号噪声比最小的原则选择领先指标，构建评估指标体系。其中，阈值的选择有多种方法，可以事先制定，也可以根据置信度来确定。笔者通过对我国上海证券市场综合指数的实证研究发现，该方法计算出的指标在衡量股市系统性风险上具有较好的效果，据此构建的指标体系和危机指数能较好地反映股市的系统性风险（肖敬红、闻岳春，2013）。

（2）Probit / Logit 模型

Probit 模型是一种广义线性模型，用于解释 0–1 变量发生的概率依赖于解释变量。Logit 模型，也被称为评定模型或分类评定模型，常用于评价货币危机发生的可能性。两类模型在因变量都是名义变量（即 0–1 变量）时，没有本质的区别。所采用的分布函数有所不同，前者是假设随机变量服从正态分布，后者是假设随机变量服从逻辑概率分布。在应用 Probit / Logit 模型分析金融危机时，通常需要根据多个国家的截面数据来计算危机的发生概率，并检验各解释变量的显著性，然后据此发现由这些解释变量的波动导致危机发生的概率，进而判断危机是否会爆发。与信号法相比，Probit / Logit 模型可以将预测结果总结为一个危机发生的概率值，让监管当局能够清晰明了地判断危机发生的可能性。

（3）二元分类树

分类树方法是用二叉树图来处理逻辑关系的一种工具，可以清晰、直观地发现指标之间的逻辑关系。在识别金融危机及其发生概率方面，学者们广泛使用二元分类树模型（Binary Classification Tree，简称 BCT）进行研究。它是一种非参数的统计分析方法，通过计算和比较多个指标间的距离，鉴定指标间的逻辑关系，并用二叉树图的形式展现这种逻辑关系。目前，该方法被广泛应用于货币危机的识别。它可以估算危机指标与解释变量之间的逻辑关系，进行评分，并以二叉树图的形式展现。已有研究表明，二元分类树模型在识别危机爆发的原因反面具有较好的效果。

2.2 有关股票市场系统稳定性的研究

2.2.1 资本市场理论中关于稳定性观点的回顾

现代金融学从理性投资者假设出发，利用一般均衡分析和无套利原则（no arbitrage）建立了以有效市场假说为基石的一套相当完美的资本市场理论，包括资产组合理论、资本资产定价模型和有效市场假说等经典理论。这些理论为人们理解资本市场提供了一个丰富而完美的框架，也为人们展示了股票市场稳定时的运行状态。然而，经典资本市场理论由于其严苛的假设和内在局限性，实践经验和实证结果对其提出了严重的挑战，理论界开始探索股票市场的非线性动力学，以及与其他领域科学结合起来研究金融学理论。新的理论不尽成熟,但是提出了一些新的方向,有助于人们理解资本市场及其稳定性。本节将简要分析这些理论中的稳定性研究。

1. 经典资本市场理论中的稳定性分析

有效市场假说源自 Bachelier（1900）的研究工作。从随机过程的视角出发，他研究了股价波动的随机性问题。他认为，在完全信息市场中，股价波动服从布朗运动，过去、现在和对将来事件的预期都反映在了股价之中。20 世纪 60 年代，法玛与萨缪尔森先后提出了有效市场假说。1970 年，法玛将有效市场定义为这样一种市场，在有效市场中股票价格是内在价值的反映，能够充分体现所获得信息变化的影响。有效市场假说的核心仍然是股价波动服从布朗运动，股价发生波动的概率是正态分布。有效市场假说被一系列实证研究证实在一定程度上是成立的，随后发展的许多金融理论都以有效市场假说为核心，比如资产组合理论、资本资产定价模型、期权定价模型等。

EMH 认为如果市场是有效的，那么在市场竞争过程中，理性投资者总是能抓住每一个由非理性行为创造的套利机会，大量的独立同分布的套利行为迅速消化了该机会，从而使市场价格重新达到公平价格。这样，市场价格相互独立且遵循随机游走（Random Walk）。因而，一个有效的市场必然是一个稳定的市场。易宪容、黄少军（2005）分析了股票市场有效性和稳定性的关系。他们假设P_{t-1}为 t 期期初某股票的价格，P_t为 t 期期末该股票的价格，显然，P_t为 t 期的收益率：

$$R_t = \frac{P_t - P_{t-1}}{P_{t-1}} \tag{2-1}$$

φ_{t-1}为投资者能获得某种现有信息集，$E(P_t|\varphi_{t-1})$、$E(R_t|\varphi_{t-1})$分别代表该股票的预期价格和预期收益率。投资者持有该股票的超额收益$\Delta R_t = R_t - E(R_t|\varphi_{t-1})$。容易证明，当$E(\Delta R_t|\varphi_{t-1}) = 0$时，$E(P_t|\varphi_{t-1})$即为在信息集$\varphi_{t-1}$条件下的均衡价格水平。反之，若$E(\Delta R_t|\varphi_{t-1}) \neq 0$，则表示股票价格并没有完全反映该信息集的所有信息，或者可以说，市场不具备完全理性。进一步假定，

$$E(\Delta R_t|\varphi_{t-1}) = f(\varphi_{t-1}) \tag{2-2}$$

股票的预期超额收益率是关于信息φ_{t-1}的不为零的函数。当φ_{t-1}反映的是过去的信息时，（2-2）式表示弱式有效市场是无效的；当φ_{t-1}既包括所有公开信息又包含内幕信息时，表示强式有效市场是无效的；当φ_{t-1}反映的是所有公开信息时，表示弱式有效市场是无效的。从整个股票市场来看，如果所有资产的平均收益率或者代表总体价格水平的股价指数出现了系统性的偏差，则可以认为股票市场发生了不稳定。

1952 年，马科维茨（Markowitz）在他的博士论文中用收益率分布的方差（或标准差）来度量资产组合的风险。当资产组合中的资产数量趋于无穷时，组合的方差衡量收益率与均值的偏离程度，从统计学上来看，方差反映了收益

率回归均值的难度，反映的是收益率的风险大小。方差越大，说明该组合收益率回归稳定的难度越大，风险越大。在假设资产收益率服从正态分布的条件下，马科维茨提出了均值方差原则，即在确定的风险水平上，投资者会追求期望收益率最高的资产组合，或者在给定收益率水平上，投资者会追求风险最小的资产组合。根据理性投资者假设，投资者会选择有效边界上的最优资产组合。马科维茨对收益率的正态分布假设，恰好符合有效市场假说的条件。

这些概念被 Sharpe（1964）、Litner（1965）和 Mossin（1966）的资本资产定价模型（Capital Asset Pricing Model，简称 CAPM）中加以扩展。CAPM 将有效市场假说和马科维茨的资产组合理论结合起来，建立了一个以理性预期为基础的一般均衡模型。

CAPM 对资本市场和投资者做了很多的假设，本书只在这里讨论三个与有效性有关的假设。第一，CAPM 假设资本市场是一个完全竞争市场，没有任何交易费用、没有任何税收、没有任何市场摩擦。第二，CAPM 假定无风险利率存在，且任何投资者均可以以该利率进行借贷。第三，CAPM 假定所有投资者都是理性投资者，并依据均值方差原则选择资产组合。

以这些假设为基础，CAPM 从对单个投资者的最优资产组合转向对整个市场的研究，其基本形式可以表示为式（2-3）：

$$E(R_i) = R_f + \beta_i \times [\,E(R_M) - R_f\,] \tag{2-3}$$

其中，$E(R_i)$、$E(R_M)$分别表示单个证券 i 和市场组合 M 的预期收益率；R_f 表示无风险收益率；$\beta_i = \sigma_{iM}^2 / \sigma_M^2$ 是证券 i 的 β 系数，等于证券 i 和市场组合 M 的协方差除以市场组合 M 的方差。

CAPM 主要的结论有三点。首先，单个风险资产的预期收益由两部分组成：一部分是无风险资产的收益 R_f，反映了投资者能够获得的最低收益；另一部分是市场风险补偿，用 $\beta_i \times [E(R_M) - R_f]$ 表示，反映的是投资者由于承担系统性风险而获得的额外收益。其中 β 系数表示风险资产的系统性风险，它的大小体现了高收益对应高风险思想。其次，只有系统性风险才能获得补偿，非系统性风险将无法获得补偿。根据资产组合理论，非系统性风险通过完全的市场组合来消除，而系统性风险无法通过分散化消除，是资本市场固有的风险。市场组合中的单个风险资产由于市场组合而消除了非系统性风险，只剩下了系统性风险。为了吸引投资者，必须提高相应的收益率以承担系统性风险。再次，市场组合是最优的资产组合，所有的风险投资者都会持有市场组合。根据 CAPM，市场组合是资本市场上所有股票的组合，各股票的权重完全由其市值决定并市值变动而改变。可见，市场组合是一个充分分散化了的资产组合，它只反映了股票市场的内在属性变化，所以是一个最优的资产组合。

CAPM 表明，高风险与高收益相匹配，系统性风险获得风险补偿，而非系统性风险没有风险补偿。此时，系统性风险与市场组合相联系，可以用系统性风险对市场组合的敏感性——β 系数来度量。如果把所有风险资产按 β 系数和预期收益在图上描绘出来，将得到一条截 Y 轴于无风险利率 R_f 并经过市场组合 M 的直线，即证券市场线（Security Market Line，SML）。

通过以上分析可知，资产组合理论通过资产多样性来分散风险，而 CAPM 进一步明确了理性投资者将投资于市场组合。CAPM 解释了系统性风险的来源，以及如何进行风险补偿。综合起来看，MPT 和 CAPM 离不开理性投资者、有效市场和随机游走等关键概念，股票收益服从正态分布或对数正态分布。而这正是股票市场处于稳定状态的外在表现。经济学家做了很多实证研究试图证明这一高斯假定，但多半是得到了相反的结果，这引致了很多对 CAPM 的批评，比如著名的罗尔批评。

2. 非线性理论中的稳定性分析

正如上一小节所分析的，经典资本市场理论以理性投资者、有效市场和随机游走假设为基础，向人们展示了一个线性范式下的竞争市场，在这样的市场中，股票价格能反映所有的公开信息，理性投资者的存在使非理性行为迅速被套利行为消除，股票收益率遵循正态分布或对数正态分布，此时，股票市场是有效的，也是稳定的。当经济学家尝试对其进行检验时，却悲观地发现，实证数据分析并不能支持 EMH 的观点。这导致资本市场理论的线性范式受到了严重的挑战，经济学家们开始寻找新的范式来解释资本市场中的非线性特征。目前新的理论有行为金融学、非线性理论、复杂性科学和金融生态理论等。本书在这里简要介绍行为金融学、分形市场假说和金融生态理论中的稳定性分析。

（1）行为金融学中的稳定性分析

20 世纪 80 年代以来，大量实证研究发现了许多有效市场假说无法解释的异象。为了解释这些异象，一些金融学家将心理学的研究成果应用于投资者的行为分析，逐渐形成了行为金融学理论（Behavioral Finance，BF）。行为金融学主要从微观层面研究投资者的个体行为及产生这种行为的心理等动因来解释投资、融资等金融活动过程中的心理特征，分析金融市场主体在金融市场中非理性行为引发的偏差和反常。行为金融学认为，不仅要衡量投资者的收益，也要研究投资者的行为模式，因为投资者的非理性行为会导致股票市场的异常波动。随后的研究中，比较著名的行为金融学模型有四种：BSV 模型、DHS 模型、HS 模型和羊群效应模型。前三种模型分析了投资者的个人非理性行为影响股票价格的途径，第四种模型分析了投资者群体行为的影响途径。

行为金融学认为，投资者心理和行为对股票市场的价格决定及其波动具有重大影响，这就意味着非理性预期可以影响股票的价格（刘钊，2009）。①金融噪声交易可以影响到股价的变动趋势。这是因为理性投资者在进行套利交易时，不仅要分析股票市场基本面波动引起的股价波动，还要分析噪声交易者非理性交易引起的价格变动。理性投资者与噪声交易者之间博弈的结果可能会因为非理性行为的加剧而放弃套利机会，反而使噪声交易者获得更高的收益。②行为金融学提出了预期理论，论证了股价变动的非理性根源，对经典理论的“理性投资者”假设提出了质疑。期望理论认为，投资者对收益的效用函数为凹函数，对损失的效用函数是凸函数，表现为投资者在亏损时更加追求风险，在盈利时收益的边际效应递减。③行为金融学提出了反应过度和反应不足理论，讨论股价变动的过激和时滞效应。

行为金融学提供了一个探索股票市场不稳定性根源的一个新的视角。下面，就分别从投资者个体和群体行为两个方面来考察。

投资者由于受获取信息和认知偏差的影响，在股票市场上常常表现出各种行为上的偏差，比如过度自信、过度反应、后悔厌恶、自我控制等，其中过度自信和过度反应最具代表性。过度自信和过度反应使投资者更多地追求风险，从而偏离理性的轨道，在牛市时导致更多的过度自信，在熊市时又过度反应。而且过度自信的投资者会高估他们获得的信息，从而做出偏离真实股价的判断，同时，过度反应会使市场中的交易量增大，两者共同作用下，往往会加大市场的波动性，造成市场的剧烈波动。另外，当投资者过度自信时，他会过于相信自己的投资决策能力，不愿意构建资产组合来分散风险。同时，为了获得更多的信息以成为知情者，他们愿意花费更多的成本，且进行更加频繁的交易，反而降低了他们的净收益。因此，过度自信和过度反应降低了市场的有效性，一定程度上也会降低市场的稳定性。

由于存在羊群效应，投资者在群体信念下容易产生认知偏差，导致从众行为，进而使股票价格产生过度波动，影响股票市场的稳定性。行为金融学家认为，羊群行为是一些市场参与主体仅仅只是简单复制其他投资者的行为，是一种从众心理行为。羊群行为使投资者不依赖于自己的判断而是依赖于对大众行为的模仿来选择其投资行为，从而导致投资者失去理性。行为金融学认为，羊群行为的程度和股票价格波动之间形成一种正反馈机制。投资者因为羊群效应，相互模仿、相互影响、相互传染，使股票价格偏离其真实价值，并使股价过度波动，对外部冲击起到放大效应。因此，羊群行为是导致股票市场内在脆弱性的一个重要因素，自然会降低市场的稳定性。

（2）分形市场假说中的稳定性分析

当股票市场被认为稳定时，EMH 和 CAPM 可以运行得很好。但是，在恐慌或混乱期间，那些模型像物理学的“奇点”一样崩溃了，因为 EMH 是均衡模型，不能处理通向混乱的转变。因此，埃德加 · E. 彼得斯于 1994 年提出了分形市场假说，强调流动性对股票价格的影响，以及不同时间维度的投资者行为对股票市场稳定性的影响。

彼得斯创立的分形市场假说（Fractal Market Hypothesis，FMH ）来自他对股票市场的几何动力学分析。他试图应用 R / S 分析来检验股票价格波动是否服从正态分布，结果显示，股票的收益率并不是正态分布的，而是一个有偏的随机过程。随后，他利用分形几何学中的相空间重构法，计算股票价格的收益率时间序列的关联维数、Lyapunov 指数等变量。分析结果表明，收益率序列不服从正态分布，股票市场不具备有效市场特征，具有非线性的特征，甚至是分形的特征。FMH 的主要内容如下。

①股票市场具有一个稳定的统计分形结构。彼得斯（2002）将分形定义为“一个分形是指一个对象，它的部分以某种方式与整体相关”。分形的主要特征是自指性（self-referential）或自相似性（self-similar）。分形几何学认为，在几何形状上分形具有空间自相似性,在时间序列上分形具有时间自相似性。有证据表明，某个股票价格的收益率序列具有分形的特征，是一个随机分形时间序列。因此，彼得斯假设投资者具有不同的时间维度，比如短期和长期维度，他们的投资策略和行为各有不同。短期维度的投资者的策略是频繁的短线买卖，获取短线价差，专注于技术分析获得信息；长期维度的投资者的交易策略是在建仓之后，长时期内保持稳定，专注于价值投资，技术分析只是用于分析短期热点。但不管是何种时间尺度的投资者，在分形市场中，他们投资收益的概率分布看起来是自相似性的统计结构。

②分形市场的存在，为投资者提供了一个稳定性和流动性环境。投资者总是希望得到一个“好”价格，但在经济意义上，它未必是一个公平价格。例如，短期补仓就很少发生在公平价格上。当市场上有许多不同时间尺度的投资者参与时，市场能够保持其稳定性和流动性。市场信息依其时间尺度不同对投资者的影响差异明显。某个信息对于短期投资者是一个严重的冲击，但对长期投资者来说却是很平常的，因此，当一个短期尺度的交易者遭受该冲击时，一个具有长期尺度的投资者必定跟进，从而稳定了市场；同时，由于大量投资者的参与，又为市场注入了流动性。所以，可以说，在市场遭受外部冲击时，只要市场上的投资者的时间尺度保持异质性，股票市场就能稳

定其自身。

③分形结构若崩溃，市场将变得不稳定，甚至爆发危机。当市场受到某一突发事件的冲击时，如果具有长期尺度的投资者在市场上停止交易或者转变其时间尺度为短期尺度，市场上只剩下了短期尺度的投资者，分形结构将随之崩溃。经济周期的衰退或恶性政治事件的发生，使得中长期的基本信息不再重要或不可信赖，长期尺度投资者的基本面分析基础荡然无存，长期投资者不再为短期投资者提供流动性，分形结构将崩溃，股票市场开始变得不稳定，直至爆发危机。

④股票的市场价格是短期技术交易和长期价值投资共同作用的结果。不同时间维度的投资者对于信息的评估有所不同，信息在投资者之间的传播速度也不一致，因此股价的波动并不能反映所有的公开信息，只反映对于某类时间维度投资者更加重要的信息。由此可见，短期价格变化反映了短期技术交易的信息，长期价格变化反映了价值投资的交易信息，且短期价格波动比长期价格波动具备更多的噪音，更影响了股票价格的稳定性。

综合来看，分形市场假说部分弥补了有效市场假说的不足，归纳了影响投资者行为的两个重要因素，即投资时间维度和流动性。分形市场假说认为，股票市场具有分形结构，具备自相似性，自身具备良好的容错性。因此，股票市场的全局有序使股票市场具备系统稳定性，而局部的无序性为股票市场带来活力和生命力。大量不同维度的投资者使得股票市场能够在不受到外部冲击时保持稳定性，即使受到外部冲击也能在一定程度上保持稳定性（刘钊，2009）。

（3）金融生态学中的稳定性分析

中国人民银行时任行长周小川最早将生态学概念引入金融领域，他认为金融生态主要指金融运行的一些基础条件（周小川，2004）。之后，国内学者对金融生态的概念、特征、评价方式及与经济增长的关系进行了探讨（李扬，2005；徐诺金，2005，2007；韩廷春、雷颖絜，2008，2009）。

生态学是分析生物与其生存环境之间相互关系的科学，其特点就是将生物放到环境中去考察，重点研究生物是如何在不同环境条件下进化适应的。

研究结果表明，生态系统按照由低到高、由简到繁的顺序进化。由于时空的差异，生物的进化呈现出差异性、多样性，最终形成一个丰富多彩的、稳定的生态系统。金融系统与生态系统类似，在不同的时空条件下产生，由所处的环境不断变化而促使金融系统不断演进，由分业经营到混业经营，由单一的金融产品到多样的金融产品，由简单到复杂，最终形成如今的由各种各样的产品和机构组成的复杂巨系统。借鉴生态学的研究方法和成果，金融生态学研究金融体系与它所处环境之间存在相互作用、相互影响、相互交换的关系，用进化的思维分析和理解金融发展、金融创新、金融结构的变迁及金融的竞争过程（徐诺金，2007）。

金融生态系统，可以定义为金融与其环境之间由于资金融通而相互影响的复杂系统。与生态系统类似，金融生态系统包括金融生态主体、金融生态环境和金融生态调节三个部分，三个部分各自独立却又相互作用、相互依存、缺一不可（如图 2-1）。

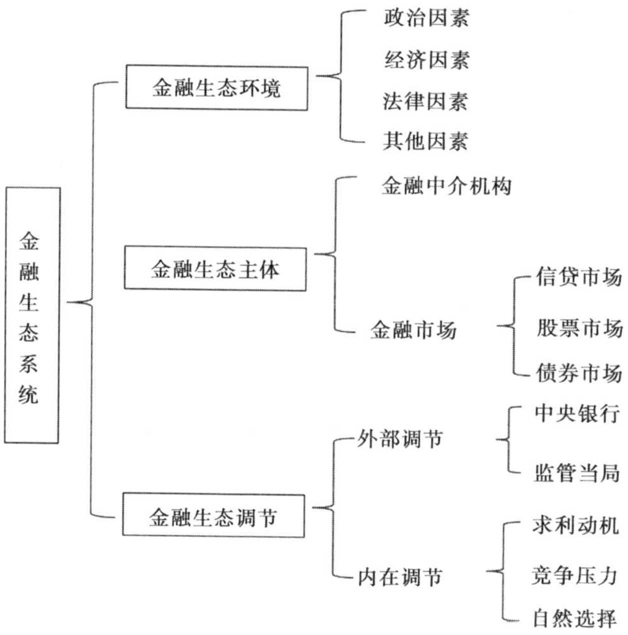

图 2-1　金融生态系统结构图

资料来源：徐诺金．金融生态论 [M]. 北京：中国金融出版社，2007.

金融生态学的主要观点如下：①金融是一种有生命的组织活动，金融主体像生物一样，具有生物的竞争性和自适应性等特征；②金融生态主体是可以进化的，与生物多样性一样，从低到高、由简到繁；③金融生态的结构是在竞争中形成，竞争的最主要特征是优胜劣汰；④金融生态主体是具有自适应性的自利组织，以利润最大化为目标，且可以根据环境的变化而自我调节。⑤金融生态系统是在一定的政治环境、经济发展、法律制度等作用下形成的，打上了明确的制度标签，具有鲜明的结构特征；⑥金融生态系统能够实现自我调节，价格的波动是它的内在调节功能，货币政策是它的外部调节手段。

股票市场作为金融生态主体的一部分，同样也是一个自利组织，以追求利益最大化为目标。在股票市场，自利性主要表现在：第一，每个行为主体——上市公司、金融机构、投资基金和投资者都不是消极被动地对待环境的作用，它可以从自身的组织形态、运作模式、运营管理、金融创新方面不断调整，以适应环境的变化。第二，市场的自然选择使市场上的每一个行为主体之间必然存在差异性，这种差异性产生了丰富多彩的产品和机构，市场呈现出多样性。第三，股票市场的多样性，促使其行为主体之间相互作用，这表现在股票市场中的资源利用和时空分布上，相互之间既竞争又彼此合作，最终形成了相互依赖的分工合作关系，并使市场达到相对稳定。因此，由多样性组成的股票市场能够更高效地利用环境资源，最优化资产配置，维持市场的有效性，具有更大的稳定性。

2.2.2　关于股票市场稳定机制的理论研究

许多国家为了确保资本市场稳定有序的发展，采取了各种稳定机制，概括起来，主要有以下四种：涨跌幅限制、印花税调整、货币政策调整和宏观经济政策发布等。但对于这些稳定机制的实际效用，国内外学者有不同的理解。

1. 涨跌幅限制与股票市场稳定性

为了抑制过度投机，防止股价暴涨暴跌，很多国家的股票市场对股价波动设置了涨跌幅限制。一般而言，涨跌幅限制是稳定股票市场的一种有效措施，通过设置涨停板和跌停板减少股价的波动程度。但是，研究结果表明，涨跌幅限制与股票市场的稳定性并不是正相关的关系，也有可能是负相关的关系。市场上对涨跌幅限制的看法不一。

支持者认为，涨跌幅限制有利于股票市场的稳定性。由于涨停板与跌停板的存在，限制了每日股价的波动范围，让过热的投资热情冷却，让过于悲观的投资情绪得以舒缓，涨跌幅限制相当于提供了一个冷却期，使投资者有时间去理性地重新评估股票价格，从而减少不确定性、减弱信息不对称的影响，一定程度上降低了股价的波动性。

反对者认为，涨跌幅限制更不利于股票市场的稳定性。当股票价格非常接近涨跌幅限制的阈值时，由于涨跌停板的存在，投资情绪虽然受到抑制，但却更容易累积到下一个交易日，反而加大股票价格跨过阈值的概率，股价在未来的一段时间内受到磁吸效应的影响，波动性增加，进而造成股价的过度波动，股票市场陷入不稳定状态。

第三种观点则认为，涨跌幅限制对股票市场无影响。虽然涨跌幅限制短时间降低股价的波动幅度，但是从长时间维度来看，这样的影响相当有限，它会随着股价的波动而消弭。且从实证分析结果来看，没有充足的证据能够证明其长期效果。

2. 印花税调整与股票市场稳定性

在我国股票市场发展历程中，政府对于证券交易印花税进行了多次调整。2008 年，经国务院批准，财政部决定对证券交易印花税政策进行调整，由原来的双边征收改为单边征收，即只对卖出方征收证券交易印花税，对买入方不再征税，税率仍保持 1‰。2016 年，财政部调整证券交易印花税的分享比例，按中央 97%、地方 3% 分享。由此可见，我国证券交易中的印花税一般不发生变动，是股票交易的成本之一。研究结果表明，印花税的调整能抑制交易者的投机行为，降低股市的波动性。政府通过调整印花税的税率和是否征收来影响股票市场交易。当印花税的税率由低到高或者从不征收到征收进行调整时，印花税使股票交易的成本增加，降低投机交易需求，抑制投机行为，减少股市波动性；反之，税率降低或免征使印花税减少时，交易成本降低，刺激投资者的投资需求，激励投资者情绪，股票交易量上升，波动幅度加大。

3. 货币政策调整与股票市场稳定性

货币政策的变动主要影响金融市场中的货币供应量及其价格——利率的变化，货币政策对于股票市场稳定性的影响来自各种收益率变动导致的股市流动性，二者的关系围绕这以下三个方面展开讨论。

一是股票市场波动与货币量之间的关系。股市交易量与货币供应量存在显著的相关性（Allen，1994；Choudhry，1996；石建民，2001；谢国忠，2009）。当政府实施扩张的货币政策时，货币供应量增加，投资需求旺盛，股市交易量将放大，投资情绪高涨，推动股市转向牛市，股价上升，波动性增加，积聚潜在的风险。反之，当政府实施紧缩的货币政策时，货币供应量降低，股市交易量萎缩，股价下跌，导致风险增加。货币政策对于股市稳定性的影响，取决于政府对于经济形势和股市交易的判断。如果政府在需要放大货币需求量的时候,反而采取紧缩的货币政策,则会对股市稳定性造成影响,严重时可能发生金融危机。1929年美国股灾的根源就在于美联储错误的货币政策（Filed，1984；Gramer，1986）。

二是股票收益率与通货膨胀率的关系。一般而言，在名义利率反映通货膨胀预期的假设下，股票收益率与通货膨胀呈现正相关关系。从资本资产定价模型中可以看出，股票预期收益率是无风险利率与股票市场风险补偿之和，而无风险利率一定程度上反映了通货膨胀率的大小。因而，股票收益率与通货膨胀正相关。但实际情况却与之相反。实证研究表明，欧美发达国家的股市收益率与通货膨胀是负相关关系（Nelson，1976；Bodie，1976；

Mandelke，1976；Boe，1999），这与费舍尔的假设有所不同。通货膨胀的加剧，则货币的实际利率降低，投资的实际收益下降，投资者更愿意选择避险资产来规避通胀的风险，导致股票市场的投资减少，收益率降低。

三是关于资产价格成为货币政策调控目标的争论。美联储主席伯南克和盖特纳认为，中央银行调控的重点目标是物价稳定，而不是资产价格稳定。股票市场是经济的晴雨表，股价波动反映了宏观经济的变动情况，以及投资者对于股市的预期。中央银行无法通过货币政策的调整来控制这些因素来稳定股票价格。与之相反，Kent 和 Lowe（1997）、Goodhart 和 Hofmann（2001）等学者则认为，中央银行应该根据股价波动对货币政策做出调整，以便使股票市场趋于稳定。

4. 宏观经济政策发布与股票市场稳定性

政府发布某项财政政策对国内经济发展具有重要作用，股市对该政策的反应总是优先于经济体系的实际效果。因而，财政政策发布能够影响股票市场的稳定性，且是正相关的关系。一项财政政策的发布，关乎某个行业的发展，与该行业密切相关的上市公司将首先受益，股票价格上涨，收益率提高，从而可以增强股票市场的稳定性。

我国股市经过近几十年的发展，各项制度仍不够完善，还有很多地方需要改进，“政策市”仍是我国股市的痛点。当股市低迷时，投资者渴望政策调节；当股市高涨时，投资者惧怕政策转向。宏观经济政策的频繁发布与变动，导致股市波动幅度加大和变化频率加快。茹诗松等（1997）经过实证研究发现，政策因素是股市异常波动的主要原因；吕继宏等（2000）通过检验异常波动交易日前后 20 日内是否有政策发布来分析该异常波动是由政策引起还是市场本身所产生的，结果证明，重大政策事件是导致股市异常波动的主要因素，中国证券市场具有明显的“政策市”特征。彭文平等（2002）、王春峰等（2003）、胡金众（2003）、张宗新（2005）和高雷等（2006）的研究也得出了“中国股市是政策市”的结论。

2.2.3　关于股票市场系统性风险的研究

股票市场作为金融系统的子系统，股票市场系统稳定性亦是金融稳定的一部分。国内外学者也从反向视角——系统性风险展开对股票市场系统稳定性的研究，并取得了一系列的研究成果。

1. 股票市场系统性风险的概念

从马科维茨提出资产组合理论开始，理论界一直关注于系统性风险的研究。与非系统性风险可以被资产组合分散不同，系统性风险无法被分散，是股票市场自身运行特征导致的风险。所谓系统性风险，是指外部冲击在高度关联的金融系统中引发损失的可能性。它具有危害性高、传染性强的特点。与个别风险不同，由于机构和市场之间的高度关联，系统性风险的爆发能够使整个金融系统崩溃，造成大面积的金融机构破产倒闭。这一事实已经被历次爆发的金融危机所证实，比如 1929 年的美国股灾、1997 年的亚洲金融危机和 2007 年的全球金融危机。与银行体系的系统性风险表现不同，股票市场系统性风险的外在表现之一是大量股票的价格同时大幅下跌，并且在多个市场间相互传染。系统性风险的危害性被学术界所公认，受到各个国际组织、各国政府和监管部门的重视。然而，对于股票市场系统性风险的具体表现、内在原因仍然缺乏统一的认知，甚至没有一个统一的概念界定。

威廉·夏普的资本资产定价模型第一次明确提出了系统性风险和非系统性风险的概念。他认为，系统性风险来源于股票预期收益率受市场组合影响，是股票市场固有的内在特征，无法通过构建资产组合来分散。非系统性风险是单个股票的独特风险，不能对整个市场造成影响，且能被资产组合所分散。两类风险主要的不同在于影响的范围不同，前者影响整个股票市场，后者只能影响单个股票。

2. 股票市场系统性风险的传统度量方法

在 2007 年爆发的金融危机之后，系统性风险的研究受到各国政府和国际金融机构的重视，并且成立了专门的机构进行系统性风险的管理。比如，巴塞尔银行监管委员会和金融稳定委员会正在考虑出台政策来处理系统重要性机构，美国成立了金融稳定监管委员会。但对于股票市场系统性风险的研究开展的不够，或者更多的是以传统的方法，如 β 系数、VaR、Probit / Logit 模型、神经网络模型、金融压力指数和风险预警模型等进行研究（刘莉亚、任若恩，2002；刘教兴，2007；敖山，2009；闻岳春，2010；肖敬红、闻岳春，2013；肖敬红、闻岳春、刘畅，2013）。

β 系数是股票市场系统性风险的度量指标，也是投资组合管理、业绩评价的必需信息，它反映了市场组合预期收益率每增加 1% 而单个股票预期收益率增加的幅度。无论是实际操作还是理论研究，β 系数都是十分重要的一项指标。它可以用于选择投资策略，可以用于分析风险大小，还可以用于计算预期收益率。

资本资产定价模型是威廉·夏普于 1963 年首先提出并用于度量系统性风险的一个模型。市场模型的中心思想是：在股票的定价中，与市场风险不相关的单个风险不起作用，而只有有规律的市场风险起作用，这是因为收益的方差是风险大小的量度。该模型假定：①通过一些共同的因素产生作用，个别证券的收益率之间产生了联系，这些因素可以是如国民生产总值的宏观经济变量，也可以是一个比如有效组合等的其他因素，在市场模型中，假定该因素是市场指数。②任何的一种证券的收益率与市场指数的收益率之间都存在着线性相关关系，即：

$$R_{i,t}=\alpha+\beta_i R_{M,t}+\varepsilon_{i,t} \tag{2-4}$$

式（2–4）中：$R_{i,t}$ 表示股票 i 在 t 时间的收益率；$R_{M,t}$ 是市场组合 M 在 t 时间内的收益率；α 是截距项，β_i 是斜率，$\varepsilon_{i,t}$ 是随机误差项。在市场模型中，截距项代表了股票 i 在市场指数收益率为 0 时的平均收益率；斜率即为股票 i 的 β 系数；误差项是独立的随机变量，期望值为 0。

由此，可以计算得到关系式：

$$\sigma_n^2=\beta_n^2\,\sigma_M^2+\sigma_\varepsilon^2 \tag{2-5}$$

在一般研究中，方差可以作为风险的度量，那么第 i 种股票的总风险可以由σ_n^2表示，这个风险值可以分为两部分：前一部分就是该证券的系统性风险的值，后一部分就是仅由该证券自身状况所决定的与市场风险无关的非系统性风险的度量。

因此，在该证券的总风险中，系统性风险所占的比例为：

$$\theta_n = \frac{\beta_n^2\sigma_M^2}{\sigma_n^2} = [\frac{\rho_{nM}\sigma_n\sigma_M}{\sigma_M^2}]^2 * \frac{\sigma_M^2}{\sigma_j^2} = \rho_{nM}^2 \tag{2-6}$$

对于市场系统性风险 β 系数的计算可以采用市场中个股 β 系数的算术平均值。

3. 股票市场系统性风险的最新测度方法

系统性风险是金融体系发生系统性失灵的可能性（Patro et al.，2013）。由于系统性风险不可观测，人们在实践中常用股票市场的方差来代替系统性风险,但实证结果显示股票市场的方差不总是与预期收益率呈现正相关关系。French 等（1987）应用 GARCH 模型构建股票组合检验股票市场方差与预期收益率之间的关系。他们的研究结果表明，二者具有正相关关系。Pollet 和 Wilson（2010）研究了一直以来被忽略的一个指标——相关系数的动态变动。他们从 Campbel 和 Viceira（2002）的资产定价理论出发，将总财富分解成两部分——可观测的股票组合和不可观测的其他资产组合，从而构建数学模型来研究资产的风险溢价与股票市场平均方差和平均相关系数的关系。实证分析结果表明，平均相关系数比平均方差具有更强的预测能力，说明平均相关系数比方差能更好地测度股票市场的系统性风险。Patro 等人（2013）认为，平均相关系数是一个简单的、稳健的、前瞻的和及时的系统性风险的测量指标，而且平均相关系数不受数据限制或模型规范错误的影响，是一个监控系统性风险的优良指标。郑振龙、王为宁和刘杨树（2014）拓展了 Pollet 和 Wilson（2010）的模型，找到了资产的预期收益率和股票、债券平均相关系数的关系，更好地解决了系统性风险的度量问题。Heiberger（2014）更进一步结合生态学和复杂网络理论，基于每日股票收益率之间的相关系数，应用赢家通吃的方法，构建标准普尔500指数的股票网络，相对于复杂的生态系统，创建了*m*指标用以检验May-Wigner稳定性定理是否能描述现实世界的经济现象。它的研究结果显示，*m*指标可以作为美国股市的稳定指标，因为它的动态变化正好可以匹配这一时期的两大危机：2001年的互联网泡沫及2007年爆发的金融危机。

2.3 对现有研究的评价

现有文献中，有关金融稳定、股票市场系统稳定性的评估与监测的研究已经在很多方面有了突破，并取得了许多有价值的研究成果，也是本书的重要基础，但仍然存在一些不足之处。

1. 研究视角比较单一，缺乏系统性

股票市场作为金融体系这个复杂巨系统的一个子系统，其本身也是一个复杂巨系统，对其稳定性的研究更应该充分体现一国金融稳定的基本需求，从全局、系统的视角考察股票市场的系统稳定性问题。而现有研究大多只从股市或股价的影响因素、股市的风险等角度出发，较少构建稳定性的评价指数，不仅研究视角比较单一，而且也缺乏系统的研究。

2. 指标选择的主观性，且缺乏国际视角

在股票市场稳定性评估指标体系研究中，指标的选择和模型的构建带有主观色彩，较少考虑指标之间的相关关系，较少对指标体系进行验证性因子分析，较少考虑国际因素对我国资本市场稳定性的冲击，在选择指标权重时带有较强的主观性。

3. 系统稳定性的识别标准缺乏

国内外学者在经过多年的努力，发展出了一套以早期预警和风险传染为

基础的测度方法，能够反映系统性风险状况，但并不能及时甚至前瞻性地判断股票市场的稳定状态，而且并不能根据指标大小来估计股票市场稳定性的状态，缺乏明确的标准，分析起来复杂，不易理解。

2.4　本书拟展开与深化相关研究的工作

基于以上不足，本书拟主要从以下几个方面展开与深化有关研究。

首先，本书基于金融生态学的研究思路，将影响我国股票市场系统稳定性的因素归纳总结为三个层次：宏观环境、市场结构和投资者行为，并依据金融理论分析各层次因素对股票市场系统稳定性的影响机制，并以此为基础，为后续研究提供一套备选指标集。

其次，本书将基于复杂网络理论和生态学知识，构建股票市场网络，计算平均相关系数和 m 指标，明确股票市场系统稳定性的识别标准，评价我国股票市场的运行状态。

再次，本书从宏观环境、市场结构和投资者行为等三个方面选择待选指标，利用 KLR 信号法分析各个指标的有效性，筛选预警指标，构建预警指标体系，应用主成分分析确定各指标权重，应用等方差加权法构建综合预警指数，监测我国股票市场的系统稳定性。

第 3 章　股票市场系统稳定性的影响因素研究

金融生态学认为，完整的金融生态系统包括金融生态环境、金融生态主体和金融生态调节等三个部分。当一个金融生态系统达到平衡时，它是一个稳定的系统，货币供求平衡，资产价格稳定；金融生态主体在系统中运行稳定，各项功能正常发挥，能承受外部冲击；金融生态环境稳定，经济、政治、文化等外部因素持续稳定，经济成长迅速。

金融生态学从微观、中观、宏观三个层次来理解金融生态平衡。比较金融生态平衡和金融稳定两个概念，笔者发现，金融生态平衡在一定程度上可视为金融稳定。股票市场是复杂金融系统的一个子系统，同时也是金融生态系统的主体之一，因此，它的系统稳定性是金融稳定的一部分内容，也是以其为主体的金融生态平衡。出于这样的考虑，本书借鉴徐诺金（2005，2007）的研究成果，探寻股票市场的金融生态平衡，并依此分析能够影响股票市场系统稳定性的经济因素。

从微观层面来看，股票市场的参与主体主要是投资者和金融中介机构。投资者，包括机构投资者和个人投资者，通过买卖股票和持有股票获取买卖价差和股利等收益，为股票市场提供流动性。金融中介机构，包括证券公司、证券交易所等，为投资者提供金融产品和服务获取手续费和利息等收益，为股票市场提供金融产品和保障市场的运行。投资者都是存在自利性的，他们在股票市场通过买入—持有—卖出股票的循环来实现收益（亏损）。为实现这一循环的有效运转，必须使资本投入的产出能有效地转化为利润，否则，市场将失去平衡而变得不稳定。另外，分形市场假说告诉人们，只要市场上存在大量的不同投资时间尺度的投资者，股票市场就能稳定运行。行为金融学更认为，投资者在股票市场中占有重要地位，其结构和行为将影响股票的市场价格，进而影响股票市场的正常运行。由此可见，研究股票市场系统稳定性必须考虑微观层面的投资者行为的影响。

从中观层面来看，股票市场本身运行稳定，各项市场机制发挥正常功能，股市达到平衡，即是本书认为的股票市场系统稳定性的第二个方面的内容。股票市场通过准入—退出—稳健的金融主体的进出循环，实现股票市场的各项功能。为保障这一循环的顺利完成，需要市场具备比较完善的交易机制、准入机制和退出机制，以及上市公司的信息披露制度。如果股票市场的运行出现问题，将给股票市场的稳定运行带来麻烦。

从宏观层面来看，股票市场是整个金融系统的一部分。金融系统的稳定必然影响股票市场的稳定性。作为一个复杂巨系统，金融系统是所有资金融通行为的集合，与之相关的所有参与者、金融中介机构和金融市场共同构成一个有机体。每个部分独立运行又相互影响其他部分，各部门之间形成越来越复杂的关联性，已经难以割舍彼此。对于稳定的金融系统而言，有三个方面的需求必须实现：一是货币流通的需求，金融系统满足产品生产和流通的货币需要；二是资金配置的需求，金融系统在资金盈余者和资金短缺者的双方实现有效的时空转换，把资金配置到效率最高的领域；三是风险管理的需求，金融系统为风险管理者提供产品和服务以降低乃至消除经济活动产生的各类风险（如财产风险、人生风险、信用风险、利率风险、汇率风险和市场风险等）。因此，金融系统经过几百年的发展，逐渐形成了多样化的金融市场，提供多样化的产品和服务，造就了多样化的金融中介机构，培养了不同投资维度的投资者，也产生了多层次的金融监管机构。股票市场作为整个金融系统的一个子系统，金融系统的稳定与否必然会影响股票市场的稳定。因此，金融系统中的金融结构、市场结构、产品结构和金融监管制度都将影响股票市场的稳定性。

最后从金融环境层面来看，金融生态系统是金融系统与外部环境相互作用、相互依存的系统。金融系统与外部环境进行信息交流、资金交流，是金融与环境的相互作用和相互妥协的结果。显然，金融环境中的宏观经济、政治、法制及其他因素必然会影响金融系统的稳定，也会影响股票市场的稳定。另外，金融环境也可以归结为股票定价的基本面因素，环境的变化不仅反映了股票市场系统稳定性的第一方面内容的变动，也间接影响了第三方面内容。将上述三层结构纳入一个图中，可以得到股票市场系统稳定性的影响因素的结构图，可以看到他们之间的相互联系和作用（图 3–1）。

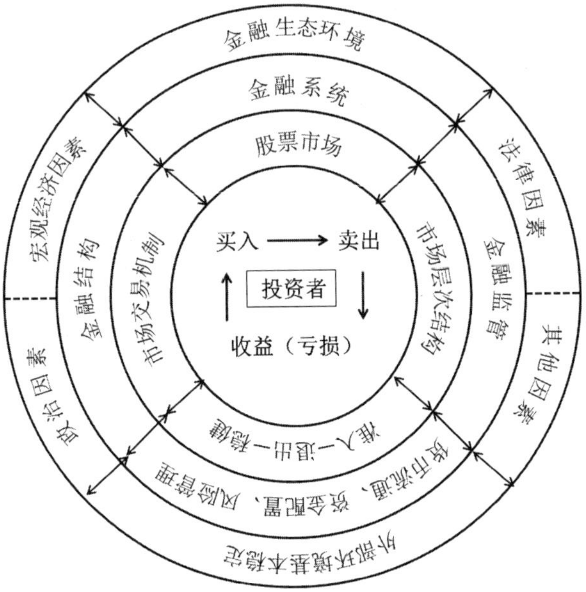

图 3–1　股票市场系统稳定性的影响因素的结构图

资料来源：根据相关资料整理所得。

图 3–1 中，投资者是股票市场系统稳定性分析的核心，他们通过买卖股票来影响股票的市场价格及波动；股票市场是基础设施，为股票交易提供合适的场所和制定相应的规则；金融系统包含着股票市场，通过货币供需的变化影响股票市场的稳定；金融生态环境和金融系统之间相互作用，它的稳定运行是股票市场系统稳定性的基本内涵。

接下来，本书将从宏观环境、市场结构和投资者行为等三个层次分别讨论股票市场系统稳定性的影响因素及其影响机制。

3.1　影响股票市场系统稳定性的宏观环境因素

一般而言，环境是一个泛指的概念，指的是包围研究主体的一切因素的总和。中国人民银行时任行长周小川在 2005 年指出，所谓金融生态环境是指影响金融系统稳定运行的所有外部因素。如果将股票市场作为特定主体讨论，其周围的一切因素都可归结为环境因素。从股市系统稳定性的第一层次内涵来看，金融生态环境的稳定能够为股票市场的系统稳定性提供一个稳健的基础，保障股票市场的正常运行。影响股票市场系统稳定性的环境因素指的是金融生态环境，包括宏观经济、政治、法律及其他因素。

借鉴生态学的研究成果可知，自然界的生态系统是否稳定完全取决于其所处的生态环境。与之类似，金融生态系统是否稳定运行也取决于金融生态环境的稳定。当外部环境发生变化时，金融生态主体为了避免被淘汰必须随之变化，以便适应环境的改变，从而演化到一个新的稳定状态。因此，可以说，金融生态环境是金融主体存在的基础。良好的金融生态环境为金融主体提供了充分的选择空间，对金融主体的行为具有激励作用和约束功能，有效地使其追求自身利润最大化。金融生态环境一旦陷入不稳定状态，便会使金融系统随之陷入不稳定状态，进一步影响股票市场的稳定性，并在股票价格上有明显的反映——股票价格将大幅下跌。

一般来说，金融生态环境包括金融系统运行的外部环境，主要包括经济环境、法制环境、信用环境、市场环境和制度环境等（苏宁，2005）。本书将其界定为宏观经济环境、政治因素、法律因素和其他因素。

3.1.1　宏观经济环境

股票市场作为金融生态主体之一，其发展与所处的宏观经济环境息息相关，股票的市场价格往往被认为是由经济基本面所决定的基础价值来决定的。有效市场假设认为，在一个充分竞争的资本市场，资产的市场价格在市场均衡时都能完全地反映所有市场信息，所有试图通过“内幕消息”获取超额利润的行为都是徒劳的。投资者都是理性人，即使有非理性行为，也将迅速被大量的理性行为纠正。因此，像股票这类资产，其市场价格的决定通常被认为是有效的，则基础价值最终将决定股票的市场价格。罗斯的套利定价理论（Arbitrage Pricing Theory，APT）中的多因素模型则直接认为，股票的均衡价格必然被各种经济基本因素如 GDP 增长率、企业利润率变动、利率变动、通货膨胀率变动、失业率变动等等所决定。如果股票价格偏离了该股票在均衡状态下或者说是经济基本面所决定的基础价值时，则投资者可以通过构建一个没有风险因素的套利组合，并且必定可以不追加投资的情况下获得正的收益率，卖空价格被高估的股票，买入价格被低估的股票，最终使所有股票的市场价格回归经济基本面决定的基础价值。

1. 国内经济发展

在正常情况下，股票市场的价格波动与经济增长是正相关关系。经济保持高速增长，上市公司盈利增加，投资者预期向好，带动股票价格上涨；反之，经济处于衰退阶段，则常常导致股票价格的下跌。因此，股票市场常常被称为经济发展的“晴雨表”。

在 APT 的多因素模型中，股票的均衡价格由各种经济基本因素所决定。由此可见，该模型反映了经济变量对股票预期收益率的影响程度，也能反映这些经济变量对股票风险的影响。显然，宏观经济发展水平直接影响上市公司经营状况，从财务报表上来看，即影响上市公司的利润率。因此，经济因素对股票的市场价格有直接的决定作用。各类宏观经济指标能够从不同层面反映宏观经济运行状况。如国内生产总值（GDP）的增长速度反映了经济发展水平，以及民众对经济发展的信心；CPI 反映了居民与家庭购买一般消费品和服务价格水平的变动，反映了一国通货膨胀的程度；PPI 是生产者价格指数，它的增长速度反映了国内工业生产的增长速度。根据金融生态学的研究成果，经济环境影响金融系统的稳定，进而影响股票市场的系统稳定性。

当国内经济处于持续、稳定的增长阶段，投资者对经济发展前景预期良好，投资旺盛，供需平衡，市场活跃，资源有效配置。随着经济的增长，公司经营良好，利润不断扩大，可用于分红的利润同步增加，投资者预期红利增加，股票价格上升。

从经济周期理论来看，经济增长到一定程度时将由于规模的不断扩大，增长速度开始放缓。如果此时，政府仍然发布刺激经济增长的财政政策和货币政策，随着货币供应量的不断增加，而市场上的投资资源相对有限，则股票价格持续的上涨很容易催生泡沫。当一国宏观经济能保持快速发展时，价格泡沫可能不会破灭；一旦宏观经济出现拐点，很容易导致泡沫破灭，进而引发一系列的金融风险的爆发，严重的话可能引起金融危机。2007 年的次贷危机则提供了一个很好的案例。

综上，股票的市场价格由基础价值决定，股票市场的稳定也会随着宏观经济发展的波动而发生波动。

2. 国内经济政策

经济政策因素对股票市场系统稳定性有着很重要的影响作用，尤其我国的股票市场仍然是一个新兴市场，“政策市”效应较大，容易受到宏观经济政策变动的影响。一般的，宏观经济政策包括货币政策和财政政策。中央银行发布货币政策，调整市场上的货币供应量，调整银行利率和法定准备金率，改变流动性规模，进而影响股票市场。在股票市场上，财政政策的变动主要是通过调整证券交易印花税的税率或者财政补贴，调节市场上的供需关系，控制股票市场的波动。具体传导机制见图 3–2 所示。

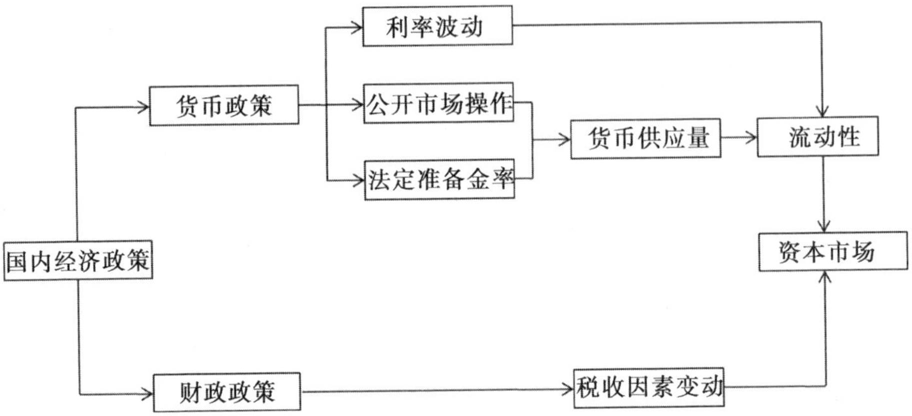

图 3-2 国内经济政策对资本市场的传导机制

资料来源：周钟山 . 流动性过剩条件下中国资本市场稳定性研究 [D]. 武汉理工大学，2009.

（1）货币供应量

中央银行调整货币政策的一个主要方向是调整货币供应量，进而影响市场上的流动性，最终影响资产价格（房地产价格、债券价格和股票价格等）。根据货币数量论的结论，货币供应量与股票价格之间存在正相关关系。货币供应量增加，使得市场上流动性充足，投资者将有更多资金用于投资，在各种资产之间进行选择，打破原有的资产结构，资产替代效应将导致资金在金融市场上重新配置。同时，货币供应量的增加使得可融资规模上升，融资变得更加容易，成本将相应下降，利率下跌，那么债券交易将受到影响，而股票价格将有所上升。因此，货币供应量的增加，最终导致股票价格上涨。反之，货币供应量的减少，导致流动性降低，融资成本增加，利率上升，债券市场受到追捧，而股票价格下跌。

（2）利率政策

中央银行调整货币政策的另一个工具就是利率政策。通过调整市场利率，调整社会融资成本，影响市场上的资金供求关系，最终影响资产价格。由 IS-LM 模型可知，货币需求函数（投资）是利率的函数，货币供应函数（储蓄）

也是利率的函数。IS 曲线（描述产品市场均衡的曲线）和 LM 曲线（描述货币市场均衡的曲线）的交点代表产品市场和货币市场同时达到均衡。利率上升，融资成本增加，投资减少，IS 曲线左移；利率上升，货币需求量减少，LM 曲线也将左移；两方面作用的结果是使社会总福利下降，股票价格下跌。反之，利率下降，融资成本降低，企业盈利增加，股票价格上涨。由此可见，利率的变动与股票价格波动是负相关关系。

（3）财政政策

如上一章所述，财政政策的变动调整社会总需求，间接影响股票市场的运行。对于股票市场而言，财政政策调整的直接影响体现在证券交易印花税的调整，包括税率的调整和是否征税的变动。税率降低或免征印花税，都将直接刺激股票交易的活跃程度，增强投资者信心，使股票市场价格上涨，股价指数将持续上升；反之，税率提高或开征印花税，会打击股票交易的活跃度，使股票市场趋冷，股价下跌。在我国，经过多次调整，印花税的税率维持在 1‰ 基本不变。

财政政策调整的间接影响体现在税收制度上。当政府采取宽松的财政政策以刺激经济发展时，税率降低，企业纳税减少、成本降低、利润增加，可分配利润增加，红利和股息预期提高，股票价格上涨。另一方面，宽松的财政政策意味着政府财政支出增加，政府采购加大，扩大了产品销售，企业收入增加，利润提高，股票价格上涨。相反，如果政府采用紧缩的财政政策，增加税率，则会使股票价格下跌。因此，财政政策的调整与股票价格之间存在负相关关系。

由此可见，宏观经济政策的变化能直接影响资产的市场价格，进而影响资本市场的稳定性，是人们在研究股市稳定性必须考虑的因素。在我国，历次经济政策的变化，都会引起股市较大的波动，使得我国的股票市场具有一定的“政策市”现象。表 3–1 列举了最近几年以来中国人民银行历次降息给股市带来的影响。

表 3-1 中国人民银行历次降息对上证综指表现的影响

次数	调整时间	存款利率	贷款利率	次日沪指表现
1	2007 年 5 月 19 日	↑ 0.27%	↑ 0.18%	↑ 1.04%
2	2007 年 7 月 20 日	↑ 0.27%	↑ 0.27%	↑ 3.81%
3	2007 年 8 月 22 日	↑ 0.27%	↑ 0.27%	↑ 1.05%
4	2007 年 9 月 15 日	↑ 0.27%	↑ 0.27%	↑ 2.06%
5	2007 年 12 月 20 日	↑ 0.27%	↑ 0.18%	↑ 1.15%
6	2008 年 9 月 16 日	—	↓ 0.27%	↓ 2.90%
7	2008 年 10 月 9 日	↓ 0.27%	↓ 0.27%	↓ 3.57%
8	2008 年 10 月 30 日	↓ 0.27%	↓ 0.27%	↓ 1.97%
9	2008 年 11 月 27 日	↓ 1.08%	↓ 1.08%	↓ 2.44%
10	2008 年 12 月 23 日	↓ 0.27%	↓ 0.27%	↓ 1.76%
12	2010 年 12 月 25 日	↑ 0.25%	↑ 0.25%	↓ 1.90%
11	2010 年 12 月 26 日	↑ 0.25%	↑ 0.25%	↑ 0.07%
13	2011 年 2 月 9 日	↑ 0.25%	↑ 0.25%	↓ 0.89%
14	2011 年 4 月 5 日	↑ 0.25%	↑ 0.25%	↑ 1.14%
15	2011 年 7 月 6 日	↑ 0.25%	↑ 0.25%	↓ 0.58%
16	2012 年 6 月 8 日	↓ 0.25%	↓ 0.25%	↑ 1.07%
17	2012 年 7 月 6 日	↓ 0.25%	↓ 0.25%	↑ 1.01%
18	2014 年 11 月 22 日	↓ 0.25%	↓ 0.4%	↑ 1.85%
19	2015 年 2 月 28 日	↓ 0.25%	↓ 0.25%	↑ 0.78%
20	2015 年 5 月 10 日	↓ 0.25%	↓ 0.25%	↑ 3.05%
21	2015 年 6 月 27 日	↓ 0.25%	↓ 0.25%	↓ 3.35%

注：符号“↑”表示利率的增加或沪指的上涨，符号“↓”代表降息或沪指下跌。

资料来源：新浪财经网（http://finance.sina.com.cn/）。

3. 国际金融市场的传染

20 世纪 70 年代以来，随着世界贸易的不断拓展，经济全球化日益凸显，各个国家和地区之间的经济联系越发紧密。随之而来的是金融全球化，各个金融市场和金融机构之间因为业务往来、资金融通而高度关联，相互竞争却又相互依存，已经形成一个难分彼此的全球金融体系。在这样的形势下，全球的金融活动和风险发生机制日益紧密联系，金融业务和金融机构跨国发展，国际资本大规模地流动，金融活动规则国际化，金融市场国际化。同时，金融全球化与金融自由化是紧密联系在一起的。金融自由化不仅为该国金融体系带来了金融深化与创新、资本市场的繁荣，也会对资本市场的稳定产生冲击。

在这样的背景下，伴随着国际游资的膨胀，国际货币、金融危机频繁爆发，根据 Eichengreen 和 Bordo（2001）的研究成果，一个国家爆发金融危机的概率比 1973 年之前大了一倍，而且，由于国际金融市场之间的关联性，危机的传染性也大大增强，在很短的时间内从一国传染到全球各个角落。外国投资者大量参与新型市场建设，外国资本（尤其是热钱）的涌入，加强了新型市场和发达市场之间的联系，增加了二者的关联性，为危机的爆发提供了土壤。这一现象在 1997 年亚洲金融危机之后的几次金融危机中表现得尤为明显。例如，1997 年 7 月的亚洲金融危机中，菲律宾和泰国最先出现货币贬值，之后金融市场恐慌情绪蔓延，快速席卷东南亚和韩国，所引发的资产市场抛售和货币贬值远超预期，导致亚洲新兴市场 MSCI 大幅度下跌，并拖累那些危机前原本经济基本面良好的经济体，使全球 MSCI 也大幅下挫。随后的俄罗斯和巴西的经济和金融危机同样传染至其他地区。

综上所述，国际金融市场的传染效应会对我国股票市场系统稳定性产生一定的影响，是必须考虑的因素之一。

3.1.2　政治因素

政治因素是金融生态环境的一部分，它的变动将间接影响股票市场的价格波动。对于股票市场而言，战争、政权更迭、政府出台重大经济政策和国际形势变化等因素在内的政治因素，同样对股票价格会产生巨大的影响，而且和其他因素相比，政治因素往往更难预料。政治形势的反复变化，会使投资者产生对经济形势发生变化的预期，进而改变他们的投资策略，影响股票等资产的供需关系，对股票的市场价格带来相应的影响。

政治因素对股票价格的影响主要表现在：①战争爆发。和平仍是主流，战争令大多数人感到厌恶。战争一旦爆发，对股票市场的影响是直接的、巨大的。一般而言，战争爆发时，投资者避险情绪浓厚，一般企业的股票将下跌，而军工类股票将上涨，但总的股价指数将持续下跌。②政权更迭。国内外重大的政治事件，如政权的更迭、领袖的更换、政府的换届、领导人的言行，都会影响国家的经济发展，进而影响股票价格波动。③重大经济政策的颁布。政府出台和颁布某项重大经济政策，往往会影响相关领域的经济发展，相关企业的前景受到投资者关注，其股票价格随之上涨，由于股市的联动性，进而带动相关股票价格上扬，推动股票市场价格的上升。④国际形势的变化。随着全球经济一体化的程度越来越高，各个国家和地区之间的关系越发密切，加上现代信息技术的不断发展，信息传播速度更加快速。任何国家政治经济形势的一点风吹草动，都会迅速传遍全球，进而影响经济的发展，引发股票市场的波动。2015 年 7 月 21 日《南华早报》的网络报道认为，政治因素在挽回股市方面发挥了重要的作用。中国证监会为阻止股市的抛售采取了多项措施，敦促证券经纪业和共同基金增加 A 股持有量，并让警方严厉打击“恶意卖空”的行为。证监会还让上市公司的大股东暂停他们的股票交易，进行股票回购和购买更多股票。这些措施的实施使得上证综指在 7 月 9 日、10 日上涨了 10.6%，暂时摆脱了自 6 月 15 日以来的暴跌。

因此，政治因素能够影响股票价格的波动性，如果政局持续动荡，最终会影响股票市场的稳定性，增加系统性风险，甚至引发金融危机。同时，政治因素的变化会对金融生态环境的稳定运行产生影响，比如，战争的爆发就会破坏一国的经济基础，政权的更替带来的是投资者对经济运行的预期改变。虽然政治因素很重要，但它的特殊属性使其变化不甚频繁，人们很难对它做定量分析，更多的是进行定性分析。

3.1.3　法律因素

金融生态环境的第三个部分即法律制度。法律制度的完善与否将改变投资者对股票市场的预期，影响股票交易量，影响股票价格波动。从投资者的角度来看，法律上如果存在漏洞，拥有该信息的投资者将从中获利而不会受到法律的制裁,而信息不对称者的利益将受到损害且没有相应法律加以保护，导致大部分投资者的投资热情和信心受到打击。风险规避型的投资者将不再投资于股票市场，成交量萎缩，市场低迷，缺乏活力，最终损害股票市场自身的稳定运行。因此，一个完善的法律制度、良好的司法环境，是保障股票市场稳定运行的基础建设（徐诺金，2007）。

1. 股票市场需要一个完备的法律制度

目前，各国对于股票市场的法律制度各不相同，核心都是从发行制度、交易制度和投资者保护等层面来设计法制体系。我国股票市场涉及的法律体系包括为基本法律法规及行业规章与规范性文件。基本法律法规主要包括《公司法》《证券法》《证券公司监督管理条例》《证券公司风险处置条例》等；行业规章主要包括中国证监会颁布的部门规章、规范性文件，自律机构制定的规则、准则等，涉及行业管理、公司治理、业务操作和信息披露等诸多方面。

由此可见，我国股票市场已经初步建立一套法规体系。但是，在某些方面仍然需要进一步完善和加强。比如，发行审批制仍然存在较大问题，证监会对上市公司的监督管理需要进一步加强，对于违规交易的投资者惩罚力度不够。

2. 稳定的股票市场需要保护中小投资者

分形市场假说认为，市场上如果存在不同投资维度的投资者，信息在不同投资者之间顺利流转，使股票市场具有自适应性，能够在不断的外部冲击中自我实现平衡，保障市场的稳定性。通常地，机构投资者由于资金雄厚、机制限制等原因，是中长期维度的投资者，或者可以称之为价值投资者；而中小投资者由于资金不足、信息不充分，往往是短期维度的投资者，或者可称为投机者。机构投资者由于价值投资，根据经济基本面来投资股票，以及组合投资，更容易分散风险和抵御风险。而作为投机者的中小投资者，根据技术分析进行投资，缺乏风险抵抗力，更容易受到羊群效应的冲击。但是，市场的稳定运行离不开中小投资者的投资。因此，如何保护中小投资者的利益不受损害是股票市场法律制度建设的基本问题。

综合来看，完备的法律制度能够保证金融系统的稳定运行，提高企业直接融资的意愿，保护投资者的合法权益得到主张。与政治因素同样的考虑，法律因素的变化不能频繁发生，很难用数据去衡量，因而，对它的分析主要以定性分析为主。

3.1.4 其他因素

1. 文化因素

文化价值系统是人在经济活动中所体现的道德水准、精神品格、价值观念、行为方式，从这个意义上说，经济活动本质上是一种文化活动。在不同的国家，由于受传统的思想、习惯、习俗、道德和文化的影响，人们对于股票市场的产生、发展及投资心理的看法不尽一致。欧阳洪（2007）的研究结果表明，文化背景的差异对股市发展的影响不容忽视。对比东西方文化，本书发现，西方文化强调个体价值，重视个体的自我支配、自我控制、自我发展和自我实现。中国文化倡导“修身、齐家、治国、平天下”，提倡要遵守社会规范。因而，当西方人强调个体与众不同的作用时，中国人主要看到的是环境和他人的作用，尽量避免独行其是。这在一定程度上可以解释为什么中国人在股市上的“羊群行为”更甚于西方发达市场。

2. 新闻媒体和传播技术

如今，人们越来越借助“新媒体”获取他们所需要的信息。与之前依靠流言蜚语（gossip）来传播和收集信息相比，大众媒体的存在使人们获取信息的成本大为降低，效率大为提高。信息的可信度也大为增强。大众媒体的发展在促进了社会发展的同时，也带来了许多新的问题。媒体在竞争压力下，为了争夺受众和用户，新闻报道趋于表面化，使得有关股票和股票市场的言论甚嚣尘上，冲击投资者的判断。当股市上涨时，媒体会推出各种股市上扬的文章，取悦受众；当股市下跌时，媒体又会对某一风险事件大量地重复报道，使本来微不足道或已被投资者忽略的事件显得异常可怕，从而扩大和强化了投资者预期的趋同性和判断的一致性，缩小投资者的时间尺度，这给股票市场的稳定运行造成了很大的冲击。概括地说，新闻媒体对股票市场稳定性的作用机制为：新闻→改变心理预期→改变股票供求关系→股票价格波动。

股票系统的网络化等新的传播技术发展对股票市场的稳定性也有很大的影响。由于网络技术的运用，股票系统不仅方便了投资者的股票交易，也使全球股票交易联网成为可能。投资者可以实现股票交易的 24 小时不中断，白天在亚洲市场纵横，夜晚在欧美市场驰骋。网络技术的运用，使得全球股票交易系统联系密切，带来的负面效应就是风险在全球扩散变得更加容易，使得某个金融机构、某个金融市场发生的风险事件很容易就沿着金融网络迅速传染，从而可能导致整个系统陷入风险的泥潭之中，甚至爆发金融危机。

3.2 影响股票市场系统稳定性的市场结构因素

股票市场作为整个金融系统的一个子系统，其稳定性受金融系统的结构变迁及其自身的市场结构影响。金融系统的三大基本功能是货币流通、资金配置和风险管理。为实现这些功能，金融系统中的各个金融机构组织货币流通为社会提供适度的货币信用，通过金融创新为金融市场提供产品和服务，通过市场竞争实现资源在各市场间的高效配置，并且受到金融监管当局的监督以保障金融系统的稳健运行。各国在长期金融实践过程中，逐步形成了独具特色的金融结构。已有研究表明，金融结构的变动会影响金融稳定性，但由于各国金融发展水平不同，影响程度各不相同。另外，从 2007 年的次贷危机看，过分深化的金融创新、过度宽松的金融监管是爆发此次危机的主要原因。因而，金融监管对于金融系统稳定性的影响毋庸置疑。

3.2.1 金融结构变迁的影响

20世纪70年代以来，随着布雷顿森林体系的倒塌，金融创新不断涌现，混业经营开始盛行。金融产品和服务之间的关联性加大，金融机构与金融市场之间关系密切，金融复杂程度提高，这些因素都有可能削弱金融稳定性。其中，金融结构的变迁是重要的影响因素。斯蒂格里斯认为，金融结构失衡将带来金融体系的不稳定，甚至成为金融危机的罪魁祸首（Stiglitz，1985）。

西方学者对于金融结构的理论研究是由戈德史密斯在1969年开创的，他在《金融结构与金融发展》一书中将金融结构概括为金融中介机构和金融工具之间的数量比例关系或者构成状态。他采用经济统计学的结构指标，分析一国的金融结构及其比例关系，衡量一国的金融发展水平。通过横向对比和纵向对比，寻找更好地衡量金融结构的经济指标，并界定其涵义。他的研究成果和研究方法被广泛接受和借鉴，很多学者开始应用金融结构来分析各国的金融发展水平，以及金融结构变迁带来的影响。

金融结构，是指构成金融系统的各个组成部分的规模分布、相对比例、相互关系的状态。可以从两个层面来研究一国的金融结构，分别是宏观和微观层面。从宏观层面来看，金融结构是指构成金融系统的各个组成部分的结构关系，包括金融融资结构、金融市场结构、金融机构结构和金融工具结构。金融融资结构是按融资模式来划分，衡量的是直接融资与间接融资两种模式在整个社会融资中的比例关系。金融市场结构是按金融市场来划分，衡量资本市场与货币市场的比例关系，以及债券市场、股票市场、衍生品市场等不同市场之间的比例结构。金融机构结构是按金融中介结构的性质来划分，衡量不同机构所占的比重。金融工具结构是按金融交易来划分，分析不同的金融工具在金融市场中所占的比重以及相互结构关系。从微观层面来分析，金融结构是指金融机构及其业务往来中的内部结构关系。微观层次的金融结构涉及单个机构的资产负债比例、业务比例，不同的机构具有不同的结构关系，难以进行比较，分析较为困难。因此，本书主要关注宏观层次的金融结构是如何影响股票市场稳定性的。

1. 金融融资结构变迁的影响

按照融资模式的不同，一国的金融结构可以分为银行主导型和市场主导型。银行主导型的金融结构中，社会融资以银行的间接融资为主，资本市场的直接融资为辅。相反，市场主导型的金融结构中，资本市场的直接融资是主要的融资模式，股票市场和债券市场发达。一般而言，德国被视为银行主导型金融结构，而美国则被视为市场主导型金融结构，通过比较两国的金融结构变迁，能够分析这两种不同的金融结构对金融稳定性的影响。

银行主导型金融结构强调的是银行在金融系统中的正面作用，对经济增长的促进作用。通过信用评级与管理，银行可以掌握贷款企业所有的财务信息，在处理信息不对称、防范信用风险上具有天然优势，能够更有效地配置资源，降低交易成本，降低信用风险。通过贷后检查程序，银行能够推动贷款管理，提高投资效率，促进企业扩大生产，促进经济发展，增加社会总福利。

市场主导型金融结构强调的是以股票市场为主的直接融资在金融活动中的优势。银行天生的谨慎属性使银行贷款更倾向于经营良好、信用等级高的企业，资金聚集于该类企业，对于中小企业和创新型企业的发展不利，是银行主导型金融结构的主要弊端。而市场主导型金融结构则克服了银行的不足，为企业提供多种多样的产品和服务，能够为不同种类的企业提供方便快捷的融资渠道，支持企业的创新与发展。并且，可以通过设计规范的交易制度，激励企业的创新能力，提高企业的盈利能力，增强资金的使用效率，规范公司治理结构，促进经济发展。

虽然银行主导型和市场主导型各有优势，也存在劣势，但二者不是绝对对立的，他们在发挥金融功能、提供金融服务、配置风险等方面各有优劣，互为补充。一国融资结构的变迁意味着改革原来的金融体系，打破现有的金融结构，改变社会融资的主要模式，提高直接融资或间接融资比例，对原来的融资主体产生重大影响。比如，由原来的银行主导型向市场主导型转变结构，则会对银行产生冲击。由于企业的融资方式由间接融资向直接融资转变，企业更倾向于资本市场融资，以发行债券和股票的方式来获得更多融资，资本市场将取得巨大的发展，反而使银行失去更多的客户和贷款机会，盈利能力下降。银行如若不进行证券化创新，将逐渐丧失自己的地位，进而亏损，不利于金融稳定。银行如果调整经营战略，更多地参与资产证券化和直接融资活动，银行可能会面临新的风险，如若风险管理水平不足，更有可能造成银行危机，影响金融稳定性，进而直接或间接地影响股票市场的稳定性。

2. 金融市场结构变迁的影响

金融市场是资金融通中形成的市场关系的总和，是交易金融资产并确定资产价格的一种市场机制。按照融资期限，金融市场通常分为货币市场和资本市场；按照金融工具，金融市场可以分为票据市场、股票市场、债券市场、衍生品市场、外汇市场、保险市场、黄金市场，等等。金融市场结构研究的就是不同市场在整个金融系统中所占的比重，以及相互之间的结构关系。

自 20 世纪 70 年代 Black–Scholes–Merton 期权定价公式发表以来，衍生品市场发展迅猛，不仅参与者众多，交易量激增，市场份额不断扩大。衍生品市场的发展带动了金融创新的发展，使金融市场结构随之转变。这种变化主要表现在金融市场创新活动空前活跃，金融市场的种类越来越多，越来越细化，市场结构呈现出多层次与复杂化的特点，其中表现最为突出的是金融衍生品市场和资产证券化市场的爆发性增长。金融市场结构的这一变迁趋势一方面改变了资本市场的传统结构，赋予资本市场在现代金融体系中新的功能与作用。比如，金融衍生品市场产生的直接原因是为了规避风险和提供风险管理工具，进行套期保值和对冲风险。同时，金融衍生品的出现又有助于金融工具的价格发现，有助于降低交易成本，促进资源的有效配置，提高了金融效率，有助于金融稳定。另一方面，金融衍生品市场也导致整个金融体系更加虚拟化，出现了“倒金字塔”结构，剥离了金融资产与实体经济之间的直接联系，又由于其高杠杆交易的特性，会引发过度投机，刺激金融寻租，使其容易受到国际游资的冲击，破坏性极强，从而削弱金融稳定性。这一点在经历了 2007 年的次贷危机摧残之后，全球金融体系的体会尤其深刻。

3. 金融工具结构变迁的影响

金融结构演进的特点之一就是金融工具的不断创新与发展。随着 Black-Scholes-Merton 的期权定价公式的提出,各种金融创新产品如雨后春笋般涌现，在提供了更丰富的风险管理工具的同时也提供了更多的投机机会，为股票市场提供了更多维度的投资者，提高了投资效率，改变了金融业的面貌。

但金融创新也为金融稳定埋下了伏笔。金融工具的创新，改变了原有的金融工具结构，改变了原有的投资习惯，通过交易杠杆，在获得巨大利益的同时蕴含了巨大的风险。衍生品的投机交易依赖于对市场的单边预测，预测不准确，则会使投资蒙受巨额损失。金融衍生品集中了分散在社会经济中的各种风险，其高杠杆性使风险不断向金融中介机构转移和积聚。而金融衍生品的高投机性使规模庞大的资金脱离现实的社会再生产过程，徘徊、滞留在金融衍生品市场，导致虚拟资产过度膨胀，造成虚拟资产和实体经济的结构失衡。

尽管金融创新不断促进金融功能和发挥金融效率的提高，但是，在发挥金融创新对金融稳定的正向促进作用的同时，应当加强金融机构在创新过程中的风险监控机制，尤其是对创新金融产品潜在风险的事前监管，防范、控制金融创新中的新生风险，减少和削弱金融创新对风险配置方式和溢出行为的影响，尽可能降低金融创新对金融稳定的负面影响。

4. 以银信合作为例分析金融创新对金融稳定的影响

下面，以银信合作为例，建立经济模型来分析我国的金融创新对金融稳定的影响。

近年来，在市场竞争和多元化金融需求的推动下，资产证券化业务出现了快速扩张的趋势，其业务以银行业内较少受监管的银信合作、委托贷款和非银行金融机构进行的融资业务等为主，辅以不受监管的民间金融（包括地下钱庄、民间借贷、典当行等），其中，银信合作业务取得爆发式的发展，成为绕开监管、变相放贷的主要通道，严重影响货币政策的执行效果。尽管该业务对金融稳定造成了潜在的威胁，但是，作为金融创新，资产证券化对于提高资本的流动性、丰富金融产品种类、扩大金融机构利润来源具有积极的作用。

针对资产证券化，Gennaioli 等人（2012）讨论了欧美发达经济体影子银行的运行特点及对金融市场的影响。本书将在 Gennaioli 等人建立的（2012）影子银行模型的基础之上，讨论银信合作融资产品等影子银行业务对于金融市场的影响。

假设模型存在两个时期，即 t=0,1，其中，t=0 期是信托期开始时刻，t=1 期是信托期结束时刻。

模型包括信托公司和投资者[①]两类交易主体，以及银行、信用评级、担保机构等服务机构。银行和信托公司合作开发信托产品，并依此向有关投资者发售理财产品，吸收理财资金；信用评级机构为信托公司购买的股权收益权等资产进行信用评级；担保机构为信托公司构建的资金池提供担保服务，提高其信用等级。

关于投资者，本书假设投资者是风险厌恶的，在 t=0 期拥有初始禀赋 w^{tru}，其效应函数均为：

① 这里的投资者，既包括机构投资者和个人投资者，也包括没有参与某次银信合作业务的其他银行。

$$U=E_{\omega}[C_0+C_{1,\omega}] \tag{3-1}$$

式中，C_0 是 t=0 期的消费，$C_{1,\omega}$是银行在$t=1$时刻经济处于w状态下的消费。w被区分为三种状态，即增长状态（即经济运行良好，各种贷款不容易出现违约，以g表示）、衰退状态（经济增长速度放缓，各项投资失败的可能性增加，以d表示）与低迷状态（比衰退状态更不景气，违约的概率大大增加，以r表示）。这三个状态共同构成状态空间$\Omega=\{g, d, r\}$，资产在不同状态下不违约的概率为π_{ω}。

关于信托公司，本书假设利润最大化的信托公司是风险中性的，在 t=0 期拥有初始禀赋w^{tru}，在 $t=0$期，信托公司通过股权质押从收益权转让公司处获得股权的受益权，并构建资金池，其预期收益率为$E_{\omega}(\pi_{\omega}A)$，$A$是资金池的加权收益率；经过担保等信用增级措施，将该受益权分为优先级受益权和次级受益权，并将优先级受益权出售给银行。银行根据所购买的优先级受益权设计出理财产品，并将其出售给投资者，募集理财资金。在$t=1$期，信托公司赎回信托产品，保证银行的投资收益；银行在扣除相关费用后向投资者分配理财收益。因此，本书假设信托公司将股权受益权分为两层：优先级受益权和次级受益权，分别记为 S_1 和 S_2。S_1 的清偿顺序优先于 S_2，能保证本息的支付，即在出现违约情况下，只有在优先级受益权 S_1 完全清偿之后，才能支付次级受益权 S_2 的收益。两者在 $t=0$ 期的价格分别被记为 p_1 和 p_2，在$t=1$期的收益率分别被记为R_1和R_2。

同时，信托公司需要支付的税费总额为资金池规模的一阶函数，即$f(1)=\alpha_0+\alpha_1 I$。其中，α_1 是税费比率，由税收支出、信用评级费用、担保费用及银行收取的中间费用构成。这是因为信托公司在发行产品的过程中一般要向各级服务机构支付必要的费用及支付营业税，这些费用在债务清偿之前须优先支付，且与资金池的规模正相关。

这样，本书构建的模型将按下述的时间顺序工作。在$t=0$期，一个典型的信托公司j将：①通过资金信托计划，从投资者处募集到D_j单位的资金，并承诺在$t=1$期时支付无风险的本息 $r_r D_j$；②从股权转让公司处购买股权受益权构造资金池，总额为 I_j；③将资金池分层、增级，支付一定的税费支出 $f(I_j)$；④分别出售 $S_{1,j}$ 和 $S_{2,j}$ 单位的股权受益权S_1和S_2，价格为 p_1 和 p_2；⑤同时，从其他信托公司购买 $TS_{1,j}$ 和 $TS_{2,j}$ 单位的股权受益权S_1和S_2。一个典型的投资者 i 主要从事两项活动：①将D_i单位的资金贷给信托公司；②直接购买 $TS_{1,j}$ 和 $TS_{2,j}$ 单位的股权受益权S_1和S_2。在$t=1$期，各受益权的收益实现，且分配给信托公司和投资者。模型结束。

首先，分析信托公司的利润最大化问题。在$t=0$期，一个典型的信托公司 j 的预期利润为

$$\begin{aligned}\Pi=&[w_j^{tru}+D_j-rD_j-(\alpha_0+\alpha_1 I_j)]+[E_w(\pi_w)AI_j-I_j]\\&+[p_1(S_{1,j}-TS_{1,j})-R_1(S_{1,j}-TS_{1,j})]\\&+[p_2(S_{2,j}-TS_{2,j})-E_w(\pi_{2,w})(S_{2,j}-TS_{2,j})]\end{aligned} \quad (3\text{-}2)$$

从（3-2）式可以看到，信托公司的预期利润由四个部分组成：第一项是信托公司利用自身资金进行融资的成本和发行产品的费用；第二项是信托公司购买资金池所产生的现金流；第三项和第四项是分别交易股权受益权S_1和S_2 所产生的利润。信托公司在 $t=0$ 期受到以下约束

一是在 $t=0$ 期信托公司所需的资金完全由自筹和募集获得，即：

$$w_j^{tru}+D_j\geqslant I_j+p_1(TS_{1,j}-S_{1,j})+p_2(TS_{2,j}-S_{2,j})+(\alpha_0+\alpha_1 I_j) \quad (3\text{-}3)$$

二是信托公司必须向投资者保证，在最坏状态下，信托公司有足够能力偿还先前从投资者处募集的资金，即：

$$rD_j\leqslant\pi_r AI_j+R_1(TS_{1,j}-S_{1,j})+\pi_{2,r}R_2TS_2 \quad (3\text{-}4)$$

第三个约束条件是关于整个交易的可行性，信托公司发行的产品规模不能超过资金池的总额，即：

$$I_j\geqslant S_{1,j}+S_{2,j} \quad (3\text{-}5)$$

关于投资者的最优投资策略。根据模型设定，一个典型投资者 i 的效应函数为

$$U=w_i^{inv}-D_i-p_1TS_{1,i}-p_2TS_{2,i}+rD_i+R_1TS_{1,i}+\pi_{2,r}R_2TS_{2,i} \quad (3\text{-}6)$$

由于投资者是风险厌恶的，其购买理财产品是为了保证他在经济处于最坏状态下的收益，能够实现套期保值，因而，本书认为，投资者更加关注于在最坏状态下的收益。从式（3–6）可得，投资者关于贷出资金D_i、优先级受益权S_1和次级受益权S_2的边际效用为：

$$dU/dD_i = -1 + r_f \tag{3–7}$$

$$dU/dTS_{1,i} = -p_1 + R_1 \tag{3–8}$$

$$dU/dTS_{2,i} = -p_2 + \pi_{2,r} R_2 \tag{3–9}$$

其中，$r_f > 1$ 是必需的，否则，银行不会将钱贷给信托公司。

应用拉格朗日乘数法求解信托公司的利润最大化问题，并结合式（3–7）至式（3–9）推导出，当市场均衡时，模型具有如下几个性质。

性质一：当市场均衡时，市场上的无风险利率与信托公司发行的信托产品S_1的收益率等价。用公式表示，$r_f = R_1/p_1$。在本模型中，优先级受益权S_1由于具有高信用评级，相当于是一种无风险证券，根据一价原则，两种完全同质资产的价格是等价的。

因此，在市场达到均衡时，信托公司由于不受存贷款基准利率的限制，将资金的定价权掌握在手中，完全可以按照市场定价，因此，在通过充分竞争之后，能够确定无风险利率等于优先级受益权S_1的未来收益除以其市场价格 p_1，一定意义上实现了利率市场化的要求。

性质二：如果证券化约束条件（3–5）式是松散的，当模型达到均衡时，典型的信托公司j发行股权受益权S_1和S_2，且所有的信托产品只在信托公司之间交易而不会由投资者购买。用公式表示 $S_{1,j} > 0$，$S_{2,j} > 0$ 且 $TS_{1,j} = S_{1,j}$，$TS_{2,j} = S_{2,j}$。

信托公司通过构建资金池，发行分层的受益权，在市场达到均衡时，信托产品只在影子银行体系内交易，在消除了各自的特有风险后，有效地再分配风险，实现社会总福利的提升；只要控制信托公司的杠杆率，就能有效地控制影子银行的系统性风险大小，并使其不会扩散到其他部门。

性质三：当模型达到均衡时，信托公司的税费比率 α_1 的大小由资金池的预期收益率决定，用公式表示：

$$\alpha_1 = \frac{E_\omega\left(\pi_\omega A\right)}{1+r_f} - 1 \tag{3-10}$$

由上式可以看到，在影子银行体系运行过程中，信用评级机构起到了不可忽视的作用，其对资金池的评级决定了资金池的预期收益率的大小，进而能保证信托产品的顺利发行，也能保证了其获利的多寡。

模型推导的结果表明，通过充分竞争，资产证券化能够一定程度上实现利率的市场化，推动金融市场化改革；同时，由于信托产品只在影子银行体系内交易，所以，只要能切断其与传统商业银行之间的关联性，影子银行不仅没有集聚风险，反而能够有效分散各自的特有风险。另外，如果信用评级等服务机构为了获得更高的利润，调高基础资产的信用评级，进而拉升资金池的预期收益率水平，使信托产品更利于发售，这会存在道德风险，不利于影子银行的发展。

3.2.2 金融监管制度改变的影响

对于股票市场系统稳定性而言，金融系统的另一方面影响来自金融监管。由于金融市场机制的偶尔失灵会对金融系统的稳定性产生重大影响甚至导致金融危机，政府就有必要对金融系统进行外部监管，此即金融监管。它是政府通过特定的机构对金融交易主体进行的某种限制或规定。一般来说，按照监管的内容和层次，分为狭义的金融监管和广义的金融监管。前者是指各监管当局依据法律之授权，监督管理相应的金融部门和金融中介机构。后者除了狭义的金融监管的内容，还包括机构的内部控制和稽核、同业自律委员会的检查、第三方组织的审计等。金融监管的实施除了必要的法律法规，行业自律和内部稽核也非常重要。一个国家或地区对金融业实施金融监管，主要目标是为了确保金融系统的稳定、提高运行效率、优化金融结构。由此可见，金融监管能够起到稳定金融市场，促进经济增长的作用。

与金融结构的影响一样，金融监管对金融稳定的影响也是两面的。一方面，适度的金融监管能够监督和管理金融机构的金融活动，防止和惩罚欺诈、内幕交易等的发生，保障交易机制的执行，保证公平、公正、公开的投资环境，保护投资者的合法利益，并监督市场上的金融创新活动，优化金融结构。另一方面，过分宽松和过度严格的金融监管都将对金融稳定产生不良影响。过分宽松的金融监管环境，使市场上的金融创新活动活跃，造成短暂的金融繁荣，却为未来泡沫的破灭埋下伏笔，次贷危机的爆发就是一个现实的案例。过度严格的金融监管会无形中提高金融市场的准入门槛，压抑金融创新动力，使金融系统缺乏活力，最终会恶化企业的融资环境，经济增长受到影响。

因此，金融监管作为金融系统的外部监督环节，是金融稳定的保障条件，是讨论金融稳定性必不可少的因素。

3.2.3　股票市场自身的影响

股票市场通过建立上市公司的“准入—退出”机制而保障市场稳健运行。股票市场应建立必要的机制使合格的公司进入市场而将不合格的公司及时清退。因而，股票市场中的各类交易制度和股票市场的层次结构就是两类重要的影响。

1. 市场交易制度

经济学理论告诉我们，投资者具有经济人属性，在一定风险水平下追求利益最大化。这种对利益的追求必须施加一定的约束，此即制度。制度约束是股票市场中必不可少的环节。如果制度不严，市场容易发生道德风险，投资者交易混乱，使市场秩序受到影响，投机行为盛行，降低股票市场的效率。如果制度过于严苛，使得投资者受到过多的约束，投资热情不高，从而降低市场活跃度，交易量下跌，市场萎靡不振，同样会降低市场效率。因此，选择合适与合理的制度约束，是股票市场健康发展的基础保障。影响股票市场稳定性的制度因素有很多，本书将主要分析股票发行机制和股价稳定机制的影响。

（1）股票发行机制

股票发行机制，是指证券发行人在申请发行时必须遵循的一系列行为规范。健全的股票发行机制，是股票市场建设的基础环节，包括发行审核制度、发行定价制度和发行市场信息披露制度三个方面的程序和要求，三者缺一不可，共同保障股票发行人的权益和投资者的利益。发行审核制度，是证券监管部门对股票发行人公开发行股票的有关资料进行审查的制度。不同的国家和地区关于发行审核制度存在较大差异，审核目标存在相似之处，主要是保护投资者、确保公正和透明的市场、减少系统性风险等。因此，对于股票市场而言，发行审核制是在股票发行阶段的保障，能够防止经营不善的公司上市交易，保护投资者利益，维持股票市场的公正和透明，减少系统性风险，维护股票市场的稳定。

股票发行阶段的信息披露制度以申领填报招股说明书和上市申报书的形式向投资者公开股票发行人的经营状况和财务情况。通过信息披露，投资者可以充分了解拟上市公司的经营状况、财务状况及未来发展趋势，发现公司的公允价值，并对该公司股票进行合理定价。实施信息披露制度，有利于遏制幕后交易，公平、公开、公正地进行股票交易，维护市场信心，保证股票的顺利发行。同样，也可以防止经营不善和会计欺诈的公司上市，有利于股票市场的稳定。

发行定价是发行人与其承销商共同确定的股票价格，受到公司账面价值、经营业绩、发展前景、发行数量等因素的影响。成功的发行定价是以投资者能够忍受的最高价格顺利发行，而发行失败或以过低价格发行则意味着定价失败。因此，发行定价是否合理，是金融界公认的谜题之一。合理的定价和股票发行的成功反映了股票市场配置资源的能力和效率，有利于股票市场的稳定。

（2）股价稳定机制

由于各个国家的金融发展水平不一，股票市场发展程度不一，各国股票市场上的股价稳定机制各不相同。目前，根据触发条件的不同，各国主要采用的稳定机制有两类：自动稳定机制和判断稳定机制。自动稳定机制，是指当某个参数达到或超过某个阈值时，该机制将自动启动，使股价保持不变。自动稳定机制主要包括涨跌幅限制和熔断机制。

涨跌幅限制，又称为涨停板和跌停板，使股票在每日交易中的价格波动的最大幅度维持在一个固定的水平。该机制首先运用于期货市场，随后推广到股票市场。我国股票市场在 1999 年后也采用了该机制来限制股价的过度波动。从实践效果和研究成果来看，涨跌幅限制能够稳定股价，但是对于股票市场稳定性的影响效果各有说法，还没有形成一个统一的观点。

熔断机制，也称为自动停盘机制，当股价波动幅度达到预先设置的熔断点时，交易所强制中断其交易一段时间。为了避免股价的过度波动对股票市场的影响，熔断机制通过暂时性的中断交易，给市场一个冷静时间，向投资者提示风险，并为相关机构采取风险管理措施赢得必要的反应时间，有利于股票市场的稳定。熔断机制起源于美国，多个国家仍在采用这一机制来防止投资者的非理性过度投资。我国在 2016 年 1 月 1 日起正式实施熔断机制，但仅仅过了一周，1 月 8 日即宣告熔断机制失败。

判断稳定机制，是指由监管当局根据主观判断，勒令某个上市公司的股票或股票市场暂停交易。该机制的实施通常是在该上市公司发布重大信息时采用，比如重大的财务调整、公司并购等，以及上市公司出现特殊事件而没有及时披露。暂停交易的时间由重大事件和特殊事件的影响程度决定。通常来说，该类稳定机制有四类。一是因重大信息披露而导致的交易暂停，采取该措施是为了使上市公司发布重大信息或澄清关于发行人的谣言等；二是因可能的欺诈及操纵活动采取的交易暂停；三是因上市公司违规操作而导致的交易暂停；四是因异常重大事件导致的市场关闭，比如遭受恶劣气候、恐怖主义袭击、战争及交易所设施损毁或发生故障。

因此，股价稳定机制直接影响股票价格波动，限制价格波动幅度，在一定程度上可以维持股票市场的系统稳定性。

2. 市场层次结构

由分形市场假说可知，股票市场作为金融系统的一个子系统，其自身具有自适应性，它能够通过自身不同层级的结构分散风险，保持自身的运行稳定。股票市场不仅需要大量的不同维度的投资者，还需要具有不同的层次结构，以满足不同的投资者的投资需求和不同企业的融资需求。由于发展规模不同、发展阶段不同，不同的企业具有不同的融资需求，它们的融资需求显然不能仅通过某一层次的股票市场得到满足。一个成熟的市场同时还具有不同类型、不同投资时间尺度的投资者，他们对于风险、收益的偏好各不相同，对投资的需求也不尽一致，也不是某一层次的资本市场就能满足他们的投资需求。因而，积极发展多层次股票市场体系是经济增长、金融发展的必由之路。国内学者和从业人员在这一方面做了大量的研究工作，分析了我国股票市场的多层次结构（见图 3–3）。

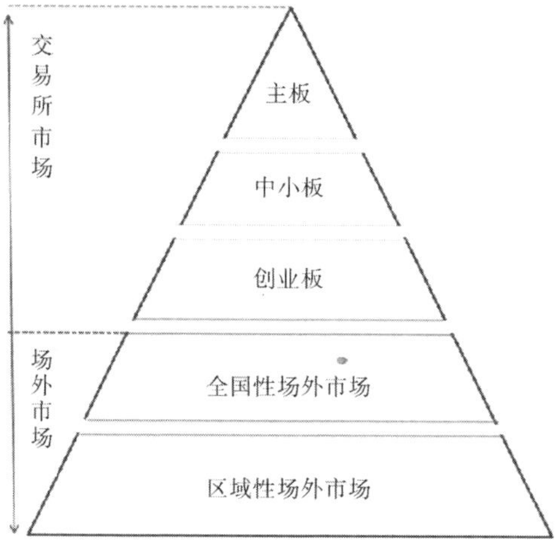

图 3–3　中国多层次股票市场体系

资料来源：中国经济网新闻（http://www.ce.cn/）。

多层次股票市场的发展，能够为企业提供一个准入—退出的直接融资机制。当企业处于初创期，如大部分小微企业，其规模比较小，盈利有限，但具有某一技术优势或产品优势，发展潜力较大，银行信贷比较难以获得，该企业为了获得融资，可以进入地方股权交易中心等区域性场外市场进行股权交易。企业如果继续发展壮大，达到创业板的上市要求，则可以申请在创业板上市；或者，达到中小板乃至主板的上市要求，也可以申请在主板上市。如果主板的某一上市公司由于经营不善而连续亏损，逐渐丧失了继续在主板上市的要求，则会被要求退市，该公司将退出主板降入场外市场交易以寻求进一步的融资。投资者也可以根据各自的收益风险偏好，在各层次市场寻找符合投资要求的企业进行投资。

由此可见，多层次股票市场的发展能够满足企业的融资需求、投资者的投资需求，为投资者提供多种多样的投资选择，并且能够增强市场的流动性，增强股票市场防范风险的能力，有利于股票市场的稳定。

3.3 影响股票市场系统稳定性的投资者行为

金融生态环境和宏观经济因素的变动是影响股票市场稳定性的基础要素，发挥着重要的作用。这些宏观因素的变动通过调整股票交易的供需关系，影响投资者的交易行为，从而影响股票价格。从股票交易的本质来看，股票交易实际上是供需双方的买卖行为，价格是双方经过博弈之后的结果。因此，投资者行为也是影响股票交易的重要因素，受到了国内外学者的关注，提出了许多理论，其中影响最广的理论是行为金融学。

行为金融学认为，投资者的行为并非完全理性，而是有限理性，具有非理性特征。由于信息获得渠道和分析方法各不相同，不同层次的投资者在认知上存在偏差，情绪易受市场环境变化的影响，从而使得投资者的投资决策并不总是遵循利益最大化的最优决策。行为金融学通过实验、总结、统计和归纳投资者的心理特征，用于解释股票市场的各种现象，诸如红利之谜、股权溢价之谜、期权微笑、封闭式基金之谜、小盘股效应、一月效应等异常的投资者行为，并告诫投资者哪些行为特征不利于投资决策。因此，从行为金融学的研究视角出发，投资者行为从结构和情绪两个方面影响股票市场的系统稳定性。

3.3.1 投资者结构

本书将股票市场的投资者分为机构投资者和个人投资者。机构投资者的资金实力较强，投资方向比较明确，且受到一定的投资约束，抵御风险能力较强，往往是以组合投资和中长期价值投资为主。个人投资者由于资金量不足，投资分散，且方向不明确，抵御风险能力较弱，通常是以短期的投机交易为主。一般而言，机构投资者由于资金量大、交易量大，对于股票市场的运行会产生较大的影响，而个人投资者恰恰相反，难以影响股票市场的稳定。

但是，实证研究却难以提供这方面的明确证据，即机构投资者对股票市场的影响仍未可知。事实上，当股票市场上只有少数几个机构投资者时，由于他们的动量交易和羊群效应起到投资示范作用，带动广大个人投资者跟风交易，使股票价格更加偏离其价值，扩大市场波动，增加市场风险，威胁股票市场系统稳定性。甚至，由于在他们的操纵下，大规模地抛售股票，造成市场恐慌，打击投资者的情绪，引发跟风投资者的进一步抛售，导致股灾的爆发。2015 年上半年，我国股市的暴涨和暴跌即是如此行为的后果。也有研究认为，机构投资者的存在降低了股票的价格波动。但是由于这一结论缺乏足够的证据，并且在不同市场乃至同一市场的不同时间区间内得到的研究结论都不一致，因而，该结论不受重视。

关于机构投资者与股市稳定性的关系，还有一种观点认为，机构投资者与股票市场稳定性没有必然联系。他们认为不同层次的机构投资者由于投资策略的不同，所起的作用也大相径庭。

在我国股票市场中，单个的个人投资者虽然对市场的影响有限，但由于我国的个人投资者在市场上占有的比例比较大，存在过度自信的行为模式，导致个人投资者容易受机构投资者（即头羊）的投资影响，比较容易产生羊群效应，影响股票的市场价格，进而会影响股票市场的稳定性。因此，本书将引入机构投资者或个人投资者的比例来分析股票市场系统稳定性。

3.3.2　投资者情绪

2007 年美国次贷危机爆发，在各国金融系统中迅速传染，演化成一次全球性的金融危机。究其原因，过度的金融创新和宽松的监管制度是罪魁祸首，危机爆发前的市场恐慌是幕后推手。因此，投资者情绪变得越来越受到研究人员的重视。

投资者情绪反映了投资者对未来预期的系统性偏差，是投资者的心理行为的外在表现。它客观存在，却难以度量，又非常重要。投资者情绪能够影响投资者对于未来收益的判断能力，使之与预期发生偏差，导致投资决策失误，造成损失。如果再受到羊群效应的影响，严重时会积聚系统性风险。

投资者情绪对于股票市场的影响在于它对正面消息和负面消息的逐级正反馈放大。当股票市场处于牛市时，股票价格持续上涨，媒体鼓吹，投资者情绪高涨，投资者对后市看法乐观，忽视潜在的风险因素。高涨的投资者情绪不断扩散，吸引更多的旁观者和场外人员入场，继续推动股价上涨，进一步刺激投资者情绪，股票交易在这样的循环运动过程中达到顶点。一旦情绪受到外部冲击发生逆转，进入下降通道，投资者情绪容易引发市场恐慌，导致股价暴跌。2014 年下半年到 2015 年 8 月份，我国股市的暴涨暴跌就是投资者情绪助推股市的最好例证。

为了衡量投资者情绪的变化，可以通过市场调查来获得，也可以通过寻找代理变量构建投资者情绪指数来计算。通常的做法是，在市场上寻找合适的情绪因子，利用主成分分析或因子分析确定各情绪因子的权重，构建情绪指数。目前国泰安数据库开始编制我国股票市场的投资者情绪指数，因此，本书将在该数据库内直接引用情绪指数进行分析，研究投资者情绪对股票市场系统稳定性的影响。

3.4　本章小结

本章将影响股票市场系统稳定性的因素归纳为三个层次：宏观环境因素、

市场结构因素和投资者行为，深入探讨各类因素的影响机制，定性地分析经济指标的重要性，为后续构建评估指标体系提供一个理论基础。

首先，宏观环境因素的影响主要来自金融生态环境的改变，包括宏观经济环境、政治、法律和其他环境因素。宏观经济环境，主要包括国内经济发展、国内经济政策及国际金融市场的传染等，这些因素的改变可能会使股票市场的基本面发生变化，影响股票价格的波动；政治、法律和其他环境因素的改变可能会使金融生态环境发生动荡，直接影响股票市场的系统稳定性的第一层次内涵。但是，由于可测性和数据可得性的问题，宏观经济环境的变化可以测量，但后三类因素的变化则难以测度，因而在数量分析时，常常舍弃后三类因素的影响。

其次，市场结构因素主要来自股票市场的金融结构变迁、交易制度的改变和市场层次结构的变动。这一层次的影响因素是出于考虑到股票市场系统稳定性的第二层次——股票市场自身的稳定性。股票市场的交易制度设计和安排能保证股票交易的流动性，进而影响股票市场的稳定性；股票市场的层次结构为上市公司提供了合理的准入—退出市场，为不同风险偏好的投资者提供了多样化的投资工具，有利于增强股票市场的流动性。

最后，投资者行为是股票市场系统稳定性的重要影响因素。目前，我国的股市仍存在“政策市”现象，投资者的“散户化”现象比较严重，投资者过度反应或反应不足，会导致投资者行为更易受羊群效应等影响，对股票的市场价格会产生不容忽视的影响。

第 4 章　基于网络结构特征的股票市场系统稳定性识别与评价

金融不稳定假说认为，不存在不稳定状态即稳定。股票市场系统稳定性可以通过是否存在不稳定状态或系统性风险来识别与判断。自威廉·夏普在资本资产定价模型中首次提出系统性风险概念以来，国内外学者创造性地利用各种金融理论和数学工具来检验各国股票市场的系统性风险，既有传统的 Beta 系数法、VaR 等模型测度系统性风险，也有各种风险预警模型来预警金融危机的爆发时间，这些模型大部分都是基于方差或标准差的角度来研究系统性风险。

目前，随着复杂网络理论应用于股票市场研究的兴起，相关系数或者平均相关系数作为系统性风险的一种测量方法开始进入学者们的视野。本章将应用复杂网络理论构建股票市场网络，计算股市的平均相关系数来度量我国股市的系统性风险；并结合生态学中的 May-Wigner 稳定性定理，讨论股票市场达到稳定的条件，实证计算 m 指标，测度股票市场的系统性风险，并依此来识别和评估我国股票市场的系统稳定性。

4.1　基于平均相关系数的系统性风险测度研究

4.1.1　平均相关系数

风险与预期收益率之间的关系是现代金融理论的一个重要研究内容，是建立各类资产定价模型的理论基础。作为现代金融理论的开创者之一，夏普基于有效市场假说和资产组合选择理论发展出了一套概念明确的可操作的资本资产定价模型，分析了单个股票的预期收益率与市场组合之间的关系。他将股票的方差分解为两个部分，一部分表示市场组合带来的风险（称为系统性风险），一部分表示该股票自身固有的风险（即非系统性风险）。非系统性风险可以通过资产组合充分分散，为风险管理提供了理论依据。之后的研究工作，譬如 CAPM 模型、APT 理论和期权定价公式，很多都是在此基础上发展而来，其中一个共同点在于：假定投资者都是风险厌恶型，即投资者为了获得较高的风险溢价必须承担较大的系统性风险，这意味着资产组合的风险溢价与其系统性风险存在一个正相关关系。

Pollet 和 Wilson（2010）从 Campbell 和 Veceira（2002）的资产定价理论出发，提出了一个 CAPM 定价方程的对数形式，证明了股票市场的风险溢价与股票之间相关系数存在强相关关系，而不是 CAPM 模型中的股票市场方差。这意味着股票市场方差并不是衡量股票市场系统性风险的最好指标，反而是相关系数。因此，可以将股票市场的平均相关系数可以作为股票市场系统性风险的一个度量方法。在这一小节，本书将引用 Pollet 和 Wilson（2010）的证明过程来验证平均相关系数的重要性。

首先，根据 Campbell 和 Veceira（2002）的资产定价理论，假设资产收益是条件对数正态的，投资者按照期末财富的幂效用函数权重进行最优资产组合选择。那么，投资者投资某个资产或组合 i 的风险溢价可以定义为下式：

$$E_t[r_{i,t+1}] - r_{f,t+1} + \frac{\sigma_{i,t}^2}{2} \cong \gamma \sigma_{im,t} \tag{4-1}$$

式中，$r_{i,t+1} = \log(1 + R_{i,t+1})$ 是资产i的对数收益率，$r_{f,t+1}$ 是在时刻t已知的无风险资产的对数收益率，γ是投资者的相对风险规避系数。$\sigma_{i,t}^2$ 是随时间变化的资产i的条件方差，$\sigma_{im,t}$ 是资产i和市场组合之间的条件协方差。收益率被赋予时间下标t是为了表明它们的实现日期。条件均值、条件方差和条件协方差是指根据投资者在第t期的信息而计算的统计量，它们的时间下标均为t。在均衡状态下，资产i的风险溢价与 $\sigma_{im,t}$ 呈正比例关系，即对数形式的 CAPM

成立。特别的，对于容易观测的股票市场（资产s）而言，其风险溢价由$i=s$时的方程（4–1）给出。

为了更方便地研究股票市场的风险溢价与其相关系数的关系，本书将总财富分成两个部分：一是投资于股票市场的财富，记为s，权重为$w_{s,t}$，其收益率的均值和方差等可以观测；二是投资于其他市场的财富，比如投资于债券市场、房地产市场、外汇市场等，这些资产的收益率并不如股票市场的收益率那样清晰可测，将它们都笼统地归为不可测组合，记为u，其收益率由股票市场的收益率间接表达。这样，就可以用股票市场收益率r_s和市场组合收益率r_m之间的协方差代替上式中二者的条件协方差，并且将该协方差分解成两项：

$$\begin{aligned}&E_t[r_{s,t+1}]-r_{f,t+1}+\frac{\sigma_{s,t}^2}{2}\\&\cong\gamma\, Cov_t(R_{s,t+1},R_{m,t+1})\\&=\gamma\, Cov_t(R_{s,t+1},w_{s,t}R_{S,t+1}+(1-w_{s,t})R_{u,t+1})\\&=\gamma[w_{s,t}Var_t(R_{s,t+1})+(1-w_{s,t})Cov_t(R_{s,t+1},R_{u,t+1})]\end{aligned} \tag{4–2}$$

其次，考虑股票市场收益率的方差、相关系数和股票市场总风险的结构。假设股票市场上共有N只股票（N足够大），那么，股票市场的收益率和单个股票的β系数可以分别定义为：

$$R_{s,t+1}=\frac{1}{N}\sum_{i=1}^{N}R_{i,t+1} \tag{4–3}$$

$$\beta_{i,t}=\frac{Cov_t(R_{i,t+1},R_{m,t+1})}{Var_t(R_{m,t+1})} \tag{4–4}$$

这里，本书暂时假定所有股票i在股票市场中的权重相等（与结论基本无影响）。因此，可以得到股票市场方差在N很大时的极限形式为$\lim_{n\to\infty}\sigma_{s,t}^2=\overline{\rho}_t\overline{\sigma}_t^2$，以及股票市场方差的一个近似方法，即$\sigma_{s,t}^2\approx\overline{\rho}_t\overline{\sigma}_t^2$（具体证明可参见本章附录）。其中，平均相关系数$\overline{\rho}_t$是任意两个股票之间的相关系数的加权平均，平均方差$\overline{\sigma}_t^2$是单个股票方差的加权平均值。

对于总风险的结构，本书假设股票收益率的扰动项分成两个部分：一是通常意义上的来自整个资本市场影响的市场扰动项$\bar{\varepsilon}_{z,t+1}$（其方差为$\theta_t\sigma_{z,t}^2$），二是与$\bar{\varepsilon}_{z,t+1}$正交的仅影响单个股票的特定扰动项$\varepsilon_{i,t+1}$(方差为$(1-\theta_t)\sigma_{z,t}^2$)。因此，单个股票$i$的收益率可以写成：

$$R_{i,t+1}=\beta_{i,t}R_{m,t}+\bar{\varepsilon}_{z,t+1}+\varepsilon_{i,t+1} \tag{4-5}$$

其中，扰动项的方差$Var_t(\bar{\varepsilon}_{z,t+1}+\varepsilon_{i,t+1})=\sigma_{z,t}^2$，$Cov_t(\bar{\varepsilon}_{z,t+1},\varepsilon_{i,t+1})=0$，且$Var_t(\varepsilon_{i,t+1})=(1-\theta_t)\sigma_{z,t}^2$。市场组合的总风险为$\sigma_{m,t}^2$，且与随机扰动项的两个部分独立。那么，股票市场的收益率就能够明确地用市场组合的收益率$R_{m,t+1}$和市场扰动项$\bar{\varepsilon}_{z,t+1}$来定义，如下式：

$$R_{s,t+1}=\beta_t R_{m,t}+\bar{\varepsilon}_{z,t+1} \tag{4-6}$$

因此，结合之前的股市方差的近似方法，股票市场的平均方差和方差就可以写成如下的方程：

$$\bar{\sigma}_t^2=\frac{1}{N}\sum_{i=1}^{N}Var_t(R_{i,t+1})=\frac{1}{N}\sum_{i=1}^{N}(\beta_{i,t}^2\sigma_{m,t}^2+\sigma_{z,t}^2)=\frac{1}{N}\sum_{i=1}^{N}\beta_{i,t}^2\sigma_{m,t}^2+\sigma_{z,t}^2\approx\beta_t^2\sigma_{m,t}^2+\sigma_{z,t}^2 \tag{4-7}$$

$$\sigma_{s,t}^2=Var_t(R_{s,t})=\beta_t^2\sigma_{m,t}^2+\theta_t\sigma_{z,t}^2\approx\bar{\rho}_t\bar{\sigma}_t^2 \tag{4-8}$$

将上述两个方程改写成另一种形式：

$$\sigma_{z,t}^2=(\frac{1-\bar{\rho}_t}{1-\theta_t})\bar{\sigma}_t^2 \tag{4-9}$$

$$\sigma_{m,t}^2=\frac{\bar{\sigma}_t^2}{\beta_t^2}(\frac{\bar{\rho}_t-\theta_t}{1-\theta_t}) \tag{4-10}$$

这意味着市场扰动项的方差$\sigma_{z,t}^2$和市场组合的总风险$\sigma_{m,t}^2$都可以用平均相关系数$\bar{\rho}_t$和平均方差$\bar{\sigma}_t^2$来表达。

考虑到之前的假设，不可测组合u的收益率也可以用市场组合的收益率$R_{m,t+1}$和市场扰动项$\bar{\varepsilon}_{z,t+1}$来表示

$$R_{u,t+1}=(\frac{1-w_{s,t}\beta_t}{1-w_{s,t}})R_{m,t}-\frac{w_{s,t}}{1-w_{s,t}}\bar{\varepsilon}_{z,t+1} \tag{4-11}$$

这样，股票市场s和不可测组合u的协方差也可以按照平均相关系数$\bar{\rho}_t$和平均方差$\bar{\sigma}_t^2$来表达：

$$Cov_t(R_{s,t+1},R_{u,t+1})=(\frac{1-w_{s,t}\beta_t}{1-w_{s,t}})\frac{\overline{\sigma}_t^2}{\beta_t}(\frac{\overline{\rho}_t-\theta_t}{1-\theta_t})-\frac{w_{s,t}\theta_t}{1-w_{s,t}}(\frac{1-\overline{\rho}_t}{1-\theta_t})\overline{\sigma}_t^2 \quad (4\text{–}12)$$

将方程（4–12）代入方程（4–2）中，并利用股市方差的近似方法 $\sigma_{s,t}^2=\overline{\rho}_t\overline{\sigma}_t^2$，整理得到股票市场的风险溢价如下式

$$E_t[r_{s,t+1}]-r_{f,t+1}+\frac{\overline{\rho}_t\overline{\sigma}_t^2}{2}=\frac{\gamma}{\beta_t(1-\theta_t)}\overline{\rho}_t\overline{\sigma}_t^2-\frac{\gamma}{\beta_t(1-\theta_t)}\theta_t\overline{\sigma}_t^2 \quad (4\text{–}13)$$

从式（4–13）中可以看到，权重$w_{s,t}$完全从方程中消失了。这意味着股票市场的风险溢价线性相关于股票市场的方差（第一项），减去股市方差中与总风险不相关的部分（$\theta_t\overline{\sigma}_t^2$）。

通过将股市方差分解成平均相关系数$\overline{\rho}_t$和平均方差$\overline{\sigma}_t^2$的乘积，本书最终能够解释为什么方差是预测未来股市收益比较弱的一个指标。保持其他条件不变，平均方差的变化会在相同的量级上从相反的方向影响方程（6）的第一项和第二项，结果就是平均方差的影响很大程度上相互抵消。若其他条件不变，平均相关系数的增加将使第一项随之增加。因此，平均相关系数在股票市场的风险溢价中扮演更加重要的角色，更加能够反映股票市场的风险变动状况。

4.1.2　股票市场的复杂网络分析

最近的经济危机强调了将现代金融系统理解为一个复杂系统的需求，尤其在危机时期，传统的理性行为人理论和有效市场假说是失效的。事实上，随着经济全球化、金融全球化的深入发展，各国的经济金融之间的联系已经变得十分紧密。从全球经济系统到一国经济环境，从全球金融系统到某个国内金融市场，各个机构和各个部门，乃至各个政府机关，存在错综复杂的关系，难以区分和割舍，它们之间高度关联，最终形成一个复杂的网络系统。正如英国著名物理学家霍金所言，“21 世纪将是复杂性的世纪”。

正如 J–P Bouchaud、Mézard 和 Dalibard（2007）所概括的，复杂系统具有如下基本特征：①系统具有动态性；②系统具有非线性性；③系统具有局

部自相似性；④系统具有初值敏感性；⑤系统内部呈现无序性；⑥系统具有自适应性。

金融市场及股票市场一般被认为是一个复杂巨系统，它们具有以上 6 个系统的基本特征。学者们越来越愿意应用复杂性科学的理论和方法研究股票市场的复杂关系，而复杂网络理论是此类应用中比较广泛的工具。

运用复杂网络模型来分析和研究股票市场中的复杂关系，主要是收集股票交易的真实数据（常用的数据包括股票的收盘价、收益率或交易量），将每个股票视为一个结点（node），各个股票之间的相关关系视为连接（link）或连边（edge），相关系数是连边的权重，则股票市场中的所有股票及其相关关系构成一个股票网络（stock network），通过网络分析技术，研究该股票网络的结构和属性，分析股票市场之内的关键节点，探究其中的奥秘。

另外，由于股票市场系统稳定性的影响因素众多，股票价格受多方面因素的影响，所以股价之间不仅存在同涨或同跌的现象，也存在某一只股票作为关键节点影响多只股票的现象。这样的联动关系是股票市场的典型的异常现象之一。复杂网络理论将多只股票价格变动的先后性转化为股票间相互影响的方向性，建立一个有向无权的网络模型，从而解决了股票之间相互影响的方向性问题。

假设股票市场上的两只股票i和j，如果股票i的价格变动引起股票j的价格变动，则它们之间的影响关系由i指向j。反之，则是由j指向i。假设$P_i(t)$表示股票i在时刻t的价格，$R_i^t(t)$表示股票i在时刻t的对数收益率，即：

$$R_i^t(t) = \ln P_i(t) - \ln P_i(t-1) \tag{4–14}$$

$Q_{ij}^t(\tau)$表示股票i在时间窗t内对股票j价格的相关系数。

$$Q_{ij}^t(\tau) = \frac{\left\langle R_i^t(t) R_j^t(t+\tau) \right\rangle - \left\langle R_i^t(t) \right\rangle \left\langle R_j^t(t+\tau) \right\rangle}{\sqrt{\left\langle R_i^t(t)^2 \right\rangle - \left\langle R_i^t(t) \right\rangle^2} \sqrt{\left\langle R_j^t(t+\tau)^2 \right\rangle - \left\langle R_j^t(t+\tau) \right\rangle^2}} \tag{4-15}$$

其中，$\langle \bullet \rangle$为统计平均。变换股票i和j的选择，可以计算任意两只股票在时间窗τ内的相关系数，并构建相关系数矩阵。显然，由相关系数的特性，

$Q_{ij}^t(\tau)$的值总是在 -1 和 1 之间，即$-1 < Q_{ij}^t(\tau) < 1$。如果$Q_{ij}^t(\tau) > 0$，表示i和j是正相关关系，由i指向j，股票j会随着股票i的价格波动做同方向变动。如果$Q_{ij}^t(\tau) < 0$，则表示股票i对股票j负相关关系，由j指向i，股票j会随着股票i的价格波动做反方向变动。

由于股票市场中的股票数量往往非常巨大，构建股票网络时还需要使用过滤技术来削减网络中节点和边的数量，常用的方法有最小生成树（MST）（Mantegna，1999）、平面图（planar graphs）（Tumminello et al.，2005）、资产树（assets trees）（Onnela，2003）和“赢者通吃”方法（winner-take-all approach）（Tse et al.，2010；Liu et al.，2011）等方法。在过滤过程中，阈值（threshold）是非常重要的一个指标，会影响股票网络的拓扑性质。Lee 等人（2007）建立韩国证券市场的股票相关性的复杂网络，并通过相关系数提出了阈值的概念，当阈值介于 0.4 和 0.6 之间时，韩国的股票网络具有无标度性。吴翎燕、韩华和宋宁宁（2013）搜集了 884 只在上海证券交易所上市的股票数据，在阈值 0.5 的股票网络基础上，发现阈值为 0.657 时，股票网络的拓扑性质最稳定。

4.1.3　实证分析

事实上，本书研究股票市场的系统性风险的目的在于能够判断股票市场是否会剧烈的波动以致会发生金融危机。反过来说，如果能够找到一个指标反映股票市场在危机时期的运行情况，那么，这个指标可以作为监测股市的系统性风险的指标。Heiberger（2014）发现（经过平滑处理过的）平均相关系数具有这一特性。因此，本书应用 Heiberger（2014）提出的方法计算我国上海股票市场的平均相关系数，研究我国股票市场的系统性风险状况。

本书所用的数据来自 2005 年 2 月 1 日至 2016 年 8 月 31 日之间的上海证券交易所股票价格综合指数（简称上证综指）的 274 只成分股的收盘价

数据，共有约 2676 个交易日。[①] 数据收集自国泰安（CSMAR）股票市场数据库。

为了研究上海股市的系统性风险的动态特征，本书将所有$N=274$只股票所构成的数据集划分为M个月，定义为$t=1,2,\cdots,M$，窗口宽度为τ（即在每一时间窗内的每日收益率数量）。时间窗部分重叠，将以$\delta\tau$的长度向前移动，$\delta\tau$设置为 1 个月或者用交易日衡量，比如，一个月有 21 个交易日，一年有 250 个交易日。这符合 Onnela（2003）所提供的选取标准。通过比较不同的时间窗口下的分析结果，本书选择的结果是 1 年的窗宽（即$\tau=250$，$M=128$）。

按照式（4–15）计算每个月内各个股票之间的相关系数$Q_{ij}^t(\tau)$及协方差矩阵$Q^t=\left(Q_{ij}^t(\tau)\right)_{N\times N}$，共有$N(N-1)/2$个相关系数。

此时的平均相关系数（Mean Correlation Coefficient，简称 MCC）由相关系数矩阵Q^t的非对角线元素决定，计算公式为

$$\overline{\rho}(t)=\frac{1}{N(N-1)/2}\sum_{i<j}Q_{ij}^t \tag{4-16}$$

根据式（4–16）可以计算在不同的月份t内股票市场的平均相关系数，记为 MCC(t)。为了比较，本书另外计算 N 只股票在每月的平均收盘价，记为 ACP(t)。将两个序列描绘在图上，得到平均相关系数与上证平均收盘价的对照图，如图 5–4 所示，箭头所指是在此期间发生的两次比较严重的危机事件。

① 为了保证股票数据的连续性，本书删除了在某月停牌或停止交易的股票，最终选择了 274 只股票作为样本。而且，各股票的总的交易日并不相等，仍然存在某月停牌若干天的情况，但不影响相关系数的计算。

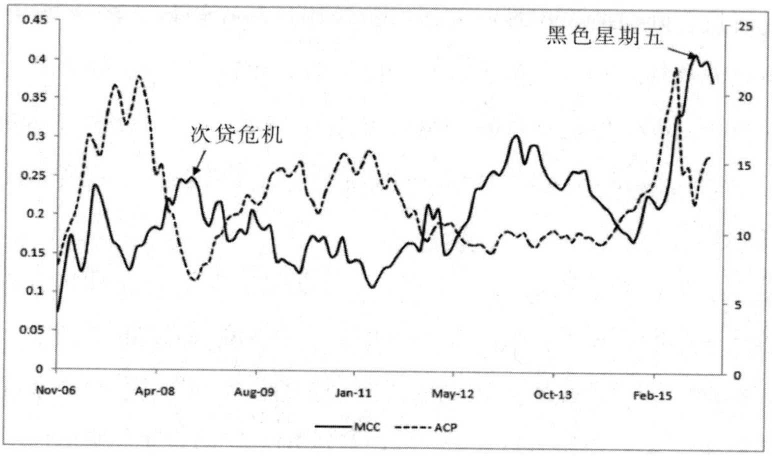

图 4-1　平均相关系数与上证平均收盘价的对照图

资料来源：根据相关资料计算所得。

由图 4-1 可知，可以将整个时间区间划分 3 个明显的阶段。第一阶段是 2006 年至 2009 年 11 月，这一时期又可以分成两个时间段：2006 年和 2007 年的股市复苏期，平均相关系数随着股市的复苏而先升后降，随着 2007 年底股市达到最高点，平均相关系数随之降至最低；随后的 2008 年至 2009 年 11 月，因为次贷危机的扩散，我国股票市场应声暴跌，平均相关系数因而快速上升，直至第一个高峰（此时，股市跌至最低点），随后股市有所回升，MCC 也随之下降。第二阶段是 2009 年 11 月至 2014 年 6 月，在此阶段内，创业板开始上市且持续发展，而 A 股市场则经历了长久的熊市，MCC 也随着股市短期内的涨跌而升降；其中，值得注意的是 2013 年 4 月至 7 月间，受 H7N9 禽流感、停发 IPO 等因素的影响，股市情绪恐慌，短期炒作严重，导致平均相关系数的异常变动。最后阶段为 2014 年 7 月至 2015 年 12 月，受利好消息和场外配资的刺激，股市飞速上涨，一扫多年熊市的阴霾，平均相关系数受此影响亦异常上涨，说明股市中的大量股票在同时上涨；而进入 2015 年 6 月以来，监管部门开始清理场外配资，股市应声而跌，并且在 6 月 26 日达到极点，沪深两市暴跌超 8%，该日被称为“黑色星期五”，MCC 持续上升，说明大量股票价格同时下跌，MCC 在 2015 年 9 月达到最高点，此时的股市降至最低点。

由此可见，随着股票市场的复苏且持续增长，平均相关系数 MCC 一般会相应降低，波动性减小；股市达到某一高峰时，MCC 降至相应的低点。反之，当股市急剧下滑时，与之相随的是 MCC 的异常增加；股市跌至当期的低谷时，MCC 随之升至相应的高峰。因此，平均相关系数能够在一定程度上反映股票市场的系统稳定性。

但是，平均相关系数仍然具有一个比较明显的缺陷，即其数值大小仍然不能准确地说明股票市场系统稳定性。因此，并不能根据 MCC 值的大小设立一个判别标准，进而识别股票市场的系统稳定性，只能根据 MCC 曲线的相对位置判断股市未来可能所处的状态。当 MCC 处于某一时期的高峰时，往往意味着股票价格跌至低谷；当 MCC 处于上升期时，反映股票价格正在下跌，这只能反映股票市场系统稳定性的第三层次内涵，即股票价格的稳定性。因此，为了更好地描述股票市场的系统稳定性，本书进一步结合生态学中的 May-Wigner 稳定性定理，寻找更加优良的指标。

4.2 股票市场系统稳定性的识别指标——*m* 指标

如前所述，金融生态学是一个新兴的概念，专注于金融生态系统对于金融系统的影响研究。借鉴生物生态学的研究方法和成果，金融生态学取得了一定的研究成果。徐诺金（2007）从定性分析的角度讨论了金融生态系统达到稳定性的特征，本书将借鉴生态学的 May-Wigner 稳定性定理构建识别指标，分析股票市场的系统稳定性。

在生物生态系统中，稳定性是一个重要的研究课题，通常分为两个方面：种群稳定性和群落稳定性。种群稳定性是指在一个生物群落中，物种丰富度趋于稳定，则称该种群稳定。群落稳定性是指由于外部原因导致某一物种发生异常增殖现象，如果异常增殖的物种数量不会影响该群落的物种丰富度，则称其为群落稳定性（MacArthur，1955）。由此可见，生态学中的稳定性与物种丰富度密切相关。生态学上的稳定性内涵与本书提出的股票市场系统稳定性的内容不谋而合。所以，本书将结合生态学中的稳定性理论来讨论股票市场的系统稳定性的识别与评价问题。

Heiberger（2014）首次将生态学中 May-Wigner 稳定性定理引入股票网络的研究中，讨论美国股市在危机期间的系统性风险。本书借鉴 Heiberger（2014）的研究成果，构建股票网络，计算 m 指标，并据此确定股票市场系统稳定性的评判标准。

4.2.1　May-Wigner 稳定性定理

1972 年，罗伯特·M. 梅爵士（Robert M. May）在研究生态系统中的稳定性和复杂性之间的关系时，应用 Wigner（1959）的深奥结论，分析变量数目很大的复杂巨系统在极限情况下从稳定性突然向不稳定转变的临界点。

Robert M. May（1972）考虑了一个变量数为n的系统，比如生态系统中的变量是相互作用的物种，股票市场中的变量是相互影响的股票，这些变量服从非线性的一阶微分方程。这样，该系统达到均衡时的稳定性可以写成

$$dX/dt=AX \tag{4-17}$$

其中，在一个生态系统中，X 是相互作用的物种 x_j（$j=1,2,\cdots,n$）构成的$n\times 1$阶的列向量。A 是$n\times n$阶的相互作用矩阵，A 中的元素 a_{jk} 表示系统达到均衡时物种k对物种j的影响。由营养网络的图分析可知，当没有网络连接时，$a_{jk}=0$；且物种之间相互作用的类型决定了 a_{jk} 的大小和正负号。

Robert M. May 假设每一个物种本身都具有密度依赖或其他的稳定形式，因此，当均衡受到扰动时，它将以某种特定的衰减时间回归均衡。为设定一个时间尺度，May 将该衰减时间归一化，即 $a_{jj}=-1$。随后，物种间的相互作用“开启”，且假定每一个这样相互作用的单位是等可能地为正或负，其绝对值由某个统计分布给定。为简单起见，May 假定矩阵中的每一个元素都服从均值为 0 和均方差α的随机分布，α可视为平均相互作用强度。简单地说：

$$A=B-I \tag{4-18}$$

其中，B 是一个随机矩阵，I 是一个单位矩阵。这样，可以得到一个无标度的模型，每一个相互作用矩阵单位的特定选择都可以独立地从随机分布中

导出。经过比较复杂的推导，May 提出了 May–Wigner 稳定性定理。

May–Wigner 稳定性定理：假设矩阵 B 是一个具有n^2C $(0<C<1)$个随机分布非零项的$n\times n$阶的矩阵，其中的每一个元素均独立的选自方差为α^2的对称分布。$P(\alpha,n,C)$是使微分方程（4–9）在 0 处达到均衡时的概率水平。令微小常数$\varepsilon>0$，随着$n\to\infty$，如果$\alpha^2nC<1-\varepsilon$，则有$P(\alpha,n,C)\to1-\varepsilon$；反之，随着$n\to\infty$，如果$\alpha^2nC>1-\varepsilon$，那么$P(\alpha,n,C)\to0$。

这一定理是生态学中的复杂巨系统达到均衡时的系统稳定性的基础，并且指出了系统由稳定向不稳定转变的临界水平。May 等人（2008）将该定理应用到银行生态系统的研究之中，Heiberger（2014）则第一次将该定理应用于股票市场网络研究。

正如本书第 2 章所述的，股票市场与生态系统具有一定的相似性，因此，可以将生态学中的 May–Wigner 稳定性定理应用到股票市场来分析股票市场从稳定向不稳定转变的临界点。

4.2.2 实证分析

Heiberger（2014）将 May–Wigner 稳定性定理和股票市场网络结合起来，构建 m 指标度量美国股票市场的系统性风险。本书将借鉴该方法来构建股票网络。

首先，由于股票市场中的股票数量巨大，需要选择合适的股票来构建一个股票网络。为了缩减股票网络的规模，需要利用某个阈值来选取股票之间的连边。这里，本书采用 Tse 等人（2010）的“赢者通吃（winner–take–all）”方法，即连边的选择准则是股票之间的相关系数只有当高于某个阈值时才被选择。上一节的时间窗$t=1,2,\cdots,M$，用于选择动态的股票网络。那么，在某个时间窗 t 内股票网络的选择准则为

$$Q_{ij}^t>|z| \qquad (4\text{–}19)$$

相比于其他的缩减技术，这样的选择准则具有两个优点：一是确保股票网络不会丢失重要的信息，如果高相关性的节点落在被缩减的图形内，最小

生成树和平面图方法会移除连边以使连边自适应网络的拓扑条件；二是股票网络中的节点数不是事先确定的，即没有固定的上限，这对于生态类比和 May–Wigner 稳定性定理是特别重要的。

其次，根据 May–Wigner 稳定性定理，股票网络达到稳定的条件是

$$m = \sqrt{nC}\alpha < 1 \tag{4-20}$$

其中，n是股票网络的规模，是网络中的股票数量；α是网络中的平均相关系数，即股票网络中所有相关系数的平均值，即前述的平均相关系数 MCC。该指标的数值反映了股票市场是否达到稳定的状况：当 $m<1$，股票市场将处于稳定状态；反之，股市则处于不稳定状态。

C是股票网络的聚集系数，反映了股票网络中节点聚集程度。具体来说，假设股票网络中的某个节点i有k_i条边与之相连，则这k_i条边对应的k_i个节点均称为它的邻居节点。显然，在这k_i个节点之间最多只可能有$k_i(k_i-1)/2$条边，而实际上在这k_i个节点之间存在的边数为E_i。那么，节点i的聚集系数C_i被定义为与之相连的邻居节点之间实际存在的边数E_i与所有可能存在边数的比值，即$C_i = 2E_i/[k_i(k_i-1)]$。同理，股票网络的聚集系数C就是所有节点i的聚集系数的平均值，即：

$$C = \frac{1}{n}\sum_{i=1}^{n} C_i \tag{4-21}$$

式（4–20）是对已知的生态多样性和稳定性之间关系的挑战。Robert M. May（1972）认为，当网络连接过于丰富（即nC太大）或平均相互作用强度过于大（即α太大）时，都会导致生态系统的不稳定。事实上，由式（4–20），May 甚至可以将上述关系反转：增加网络的复杂性，会降低系统的稳定性。这样的关系广泛存在于生态网络、小世界网络及动态网络之中。这对于研究现实中的股票网络而言非常重要。

由 May–Wigner 稳定性定理可知，m值的大小能够很好地度量股票市场系统稳定性。因此，本书将该指标称为m指标，即$m=\sqrt{nC}\alpha$。通过上述分析，可以确定m指标计算的基本步骤。

1. 选择成分股

构造股票网络时，最基本的问题是成分股的选择。基于股票交易连续性的考量，剔除连续若干个月停牌交易的股票，本书共选择了上证综指的 274 只成分股作为构造股票网络所需的股票，数据的样本期间自 2005 年 2 月 1 日至 2016 年 8 月 31 日，采用股票的每日收盘价及对数收益率数据，共有约 2676 个交易日。数据收集自国泰安（CSMAR）股票市场数据库。并且，计算这 274 个股票每月的平均收盘价（ACP）作为上证综指的替代指数。

2. 设置时间窗

为了研究上海股市的系统性风险的动态特征，本书将所有$N=274$只股票所构成的数据集划分为 M 个月，定义为$t=1, 2, \cdots, M$，窗口宽度为τ（即在每一时间窗内的每日收益率数量）。时间窗部分重叠，将以$\delta\tau$的长度向前移动，$\delta\tau$设置为 1 个月或者用交易日衡量，比如，一个月有 21 个交易日，一年有 250 个交易日。这符合 Onnela（2003）所提供的选取标准。通过比较不同的时间窗口下的分析结果，本书选择的结果是 1 年的窗口（即$\tau=250$），$\delta\tau=21$，则整个样本期内共有$M=128$个月。

3. 计算相关系数

根据式（4–15）的计算，可以得到在时间窗τ内股票 i 和 j 的相关系数 $Q_{ij}^t(\tau)$，和相关系数矩阵$Q^t(\tau)=\left(Q_{ij}^t(\tau)\right)_{N\times N}$，以及$N(N-1)/2$个相关系数。

4. 设定阈值 z

股票网络的构建离不开阈值 z 的设定。不同的阈值，选择的股票之间的边（edge）数量不同，影响股票网络的拓扑性质。吴翎燕、韩华和宋宁宁（2013）认为当阈值为 0.657 时，股票网络的拓扑性质最稳定。因此，本书将z设定为 0.65，构建$z=0.65$下的股票网络。

5. 计算 m 指标

在第t月内，通过构造股票网络，可以得到股票网络的一些参数，如股票网络中的股票数量n、平均聚集系数C和平均相关系数α，进而根据公式（4–20）计算在该时间窗内的 m 指标数值。改变月份 t，可以得到一系列的 m 指标值。

最后，结合我国股票市场的实际情况，吴翎燕、韩华和宋宁宁（2013）认为当阈值为 0.657 时，股票网络的拓扑性质最稳定。因此，本书将 z 设定为 0.65，构建$z=0.65$下的股票网络，按照式（4–20）计算 m 指标，并将其和平均收盘价（ACP）同时绘图，如图 4–2 所示。

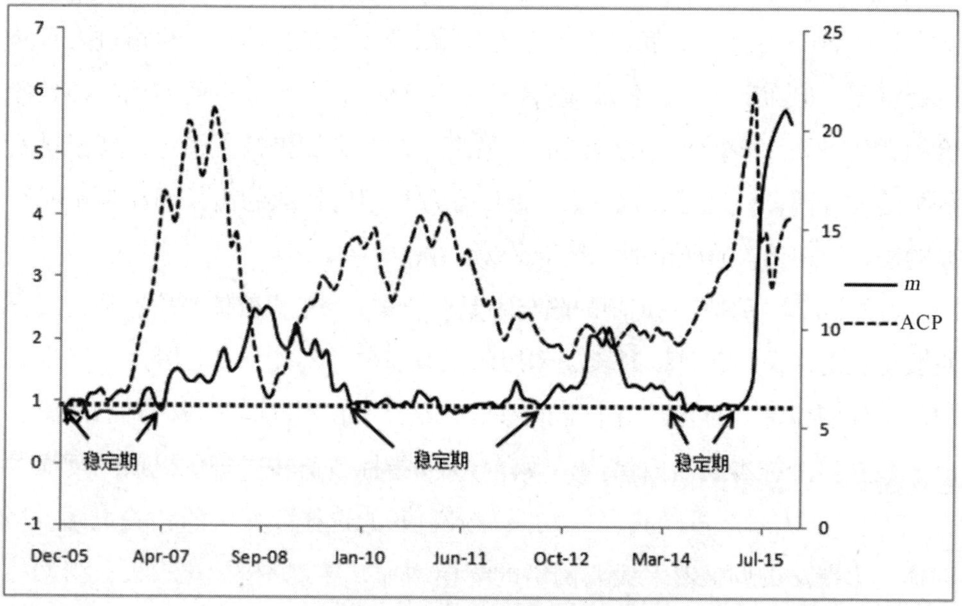

图 4–2 m 指标与平均收盘价对照图（虚线代表$m=1$）

图 4–2 显示了将 May–Wigner 稳定性定理应用于我国股票市场的结果，平行于时间轴的虚线代表 $m=1$，是股票市场是否处于稳定状态的临界点。当 m 指标数值低于该虚线，可以认为股票市场处于稳定状态；当 m 指标数值高于该虚线，则股票市场处于不稳定状态。据此，笔者发现，在样本期内，股票市场存在 3 个稳定期，分别是 2006 年 1 月至 2007 年 7 月、2009 年

3月至2012年7月、2013年3月至2014年11月。也可以将样本期划分为与上一节类似的3个阶段，各阶段均包含一个稳定期和不稳定时期。由此可见，m指标为监测股票市场的稳定性提供了一个可靠的参考指标。

在2007年股市开始复苏，m指标值有所增加，随着次贷危机扩散至中国，股价跌至最低点，m指标值快速增长到第一个高峰；随后的一年间，经济有所缓和、股市上涨，而m指标值有所缩减。在2010年和2011年，我国股市陷入了熊市期，m指标值趋于平缓，但由于禽流感等不利消息的影响，股市在2013年至2014年上半年陷入恐慌，股民逃离股市，股价呈现“一潭死水”，m指标值却远离May-Wigner稳定条件，显示了股票市场的不稳定性。2014年下半年至2015年4月，我国股票市场开始反弹，m指标值显示股市进入短暂的稳定期；但随后半年，随着监管部门清理场外配资等政策的实施，导致股价的骤然下跌，m指标值直接站上了最高峰，股市变得极不稳定，甚于次贷危机时期。因此，也可以认为，m指标在危机期间快速的增长而在牛市时明显的缩减，在长久的熊市期内趋于平缓。

另外，m指标具有一定的缺陷与不足。首先，m指标数值与所选择的成分股股份高度相关。在某一时段起作用的某些股份并不能保证在其他考察期内起到同样的作用。而且，由于上证综指的成分股在不同时间段内有所调整，成分股在整个样本期间内保持一致，导致m指标数值在次贷危机期间反而没有2015年股灾时严重。其次，m指标与阈值z的选择存在负的相关关系。当选择不太严厉的阈值时，股票网络的规模增加，导致m指标比较大；当选择过于严厉的阈值时，股票网络会锐减，使得m指标没有意义。因而，选择合适的阈值是应用m指标测度股市系统性风险或稳定性的前提。本书根据吴翎燕、韩华和宋宁宁（2013）的研究成果，设定阈值$z=0.65$，得到的结果能比较好地反映我国股票市场的实际情况。

总的来说，m指标确定了一个清晰的识别标准来准确识别股票市场系统稳定性，而且更加简单、更加稳健、更具时效性，能够更好地描述我国股票市场的系统稳定性及运行状态。

4.3　本章小结

本章结合平均相关系数方法和生态学中的 May-Wigner 稳定性定理，讨论我国股票市场系统稳定性的识别与评价。首先，基于金融不稳定假说的思想，讨论平均相关系数方法在股票市场系统稳定性研究中的应用，并构建股票网络，计算不同月份的平均相关系数。其次，结合 May-Wigner 稳定性定理，构建m指标，确定识别标准，评价我国股票市场系统稳定性。实证结果表明，m指标能够比较准确地识别我国股票市场所处的稳定状态，是一个简单的、鲁棒性的、具有前瞻性和及时的评价指标。

m指标的计算依赖于成分股的价格，它主要反映的是股票价格的稳定性，即股票市场系统稳定性的第三层次内容，并不能完整地测度股票市场系统稳定性的全部内涵。因此，本书将在下一章应用综合指数法，综合考量股票市场的影响因素，构建综合预警指数，预警与监测我国股票市场系统稳定性。

第 5 章　股票市场系统稳定性预警与监测指标体系研究

本书第三章和第四章分别讨论了股票市场系统稳定性的影响因素和识别指标，旨在通过对股票市场系统稳定性特征的分析与评价，明确市场监管方向，提高市场监管效率，引导市场健康发展。

但是，面对突发性的股票市场系统稳定性降低，监管部门的应对措施往往非常有限，而且难以取得预期的效果，相反，有效的事前预警不仅可以揭示风险来源，而且有助于监管部门提前制定风险应对与处置政策，降低发生系统性危机的可能性与危害性。因此，对于监管部门而言，加强股票市场系统稳定性的事前预警具有重要的意义。

有鉴于此，本章采用 KLR 信号法，构建了股票市场系统稳定性预警指标体系，主要包含以下步骤。一是构建待选指标阵列。本章的待选指标阵列主要来自宏观环境因素、市场结构因素和投资者行为等三个方面。二是待选指标的有效性分析。基于第四章所构建的 m 指标，本章应用 KLR 信号法，从准确性与时效性等角度对单个指标的预警效果进行比较分析，筛选出预警指标。最后，针对单个预警指标预警能力可能发出矛盾信号等问题，本章通过方差加权方法构建了综合预警指标，全面提取各单个指标的预警信息，以提高预警的准确性。

在预警和监测我国股票市场系统稳定性的过程中，有几个问题亟待解决：一是指标体系的选择的有效性问题；二是系统稳定性的识别问题；三是综合指标体系中指标权重的设定问题。本章将依循此思路逐步分析和解决上述问题，实现预警和监测我国股票市场系统稳定性的目标。

5.1　股票市场系统稳定性预警与监测待选指标阵列

由第 3 章的分析可知，股票市场系统稳定性受到宏观环境、市场结构和投资者行为等因素的影响。本节将围绕本书对股票市场系统稳定性的基本定义，依据科学性、系统性和可行性等基本原则，结合我国股票市场的运行特征，选取股票市场系统稳定性评估的基础指标。

5.1.1　选取指标的基本原则

为了更全面和客观地衡量我国股票市场的系统稳定性，建立一套有效的可行的预警指标体系，本书在选择指标时应遵循以下基本原则。

1. 科学性原则

预警指标的设计、选取是否科学合理，数据来源是否真实可靠，将直接关系到本书设计的工作质量和评估指标体系的准确程度。因此，本书在选取指标时首先就应当遵循科学性原则，以金融稳定和资本市场的理论为基础，结合系统理论和金融生态学的知识，借鉴他人研究的经验，并且充分利用各统计部门已有的数据资料，尽量统一数据口径，减少误差，以确保指标选择的科学、数据资料的可靠，保证最后的评价结果客观、真实。

2. 系统性原则

金融系统是一个复杂的巨系统，股票市场作为其中的一个子部分，也具有复杂系统的特性。股票市场系统稳定性是将股票市场作为一个系统来考察其稳定运行状况，而不仅仅是指股票价格的稳定，更应包括股票市场本身的稳定及其金融生态环境的稳定。因此，本书在选取指标时强调系统性原则，主要是在评价内容方面的系统性，综合考察宏观、中观、微观因素等层次的影响，在各层次中考虑其金融结构的影响，且探讨各因素之间的相互联系，使构建的评估指标体系能够成为一个有机整体。

3. 可行性原则

评估指标体系的可行性主要取决于两个方面内容。一是所设计的指标应规范化、标准化。所设计的指标应尽量采用国际上通用的指标，指标名称、统计口径、体系结构都尽量与国际惯例接轨。二是选择指标的可操作性、数据的可得性。由于我国规范的统计工作起步较晚，有些数据不可得或者缺失，因而，本书在选择指标时要更加注重指标的可量化，每一指标都能有相对准确的数值及其来源信息，以便可以进行回溯分析。

4. 动态性原则

股票市场系统稳定性是一个动态的概念，本书建立评估指标体系也是为了可以持续地、动态地监测股票市场的稳定性。因此，指标的动态连续性非常重要，应尽量选取体现经济发展和股票市场运行过程的指标，以便可以对指标体系做动态的调整。

5.1.2 待选指标的选取

遵循评估指标的几个选取原则，根据第 3 章对股票市场系统稳定性影响因素的分析，本书将股票市场系统稳定性的评估指标分为三个方面：宏观环境因素、市场结构因素和投资者行为因素。每个因素可细分为若干层级指标体系，每一层级指标又可细分为若干经济指标。为了选择股票市场系统稳定性的预警指标，必须充分考察各类指标对股票系统稳定性的影响。在此基础上，可以初步选择若干指标，构成待选指标阵列，为后续研究奠定基础。

1. 宏观环境因素

环境是指某一特定主体周围一切的总和。这里的宏观环境因素主要是指作用和影响股票市场运行的一切外部因素，是股票市场平稳运行的基础条件。与自然界的生态稳定取决于生态环境因素一样，股票市场系统稳定性也取决于所有的宏观环境因素的稳定。良好的宏观环境为股票市场的参与者提供了充分的选择空间，对所有参与者的行为具有激励作用和约束功能，能有效地使其追求其自身利润最大化。宏观环境一旦陷入不稳定状态，必然影响股票市场的系统稳定性，使股票市场运行受到系统性冲击，严重时甚至会造成股票市场的危机爆发。

一般来说，宏观环境因素主要包括宏观经济、政治因素、法律因素。对于本研究而言，政治因素与法律因素难以定量分析，暂不纳入本课题的研究范畴。因此，本书主要考察宏观经济环境对股票市场系统稳定性的影响。宏观经济环境主要源于股票市场所处的实体社会经济在基本面上的因素，包括国内经济与政策、国际金融市场传染两大类。

（1）国内经济发展

衡量国内经济发展水平的最佳指标是国内生产总值（GDP）及其增长速度，国内经济持续、稳定的增长，公司经营环境改善，利润持续增长，投资者对未来有良好预期，股票市场将蓬勃发展，如图 5–1 所示。

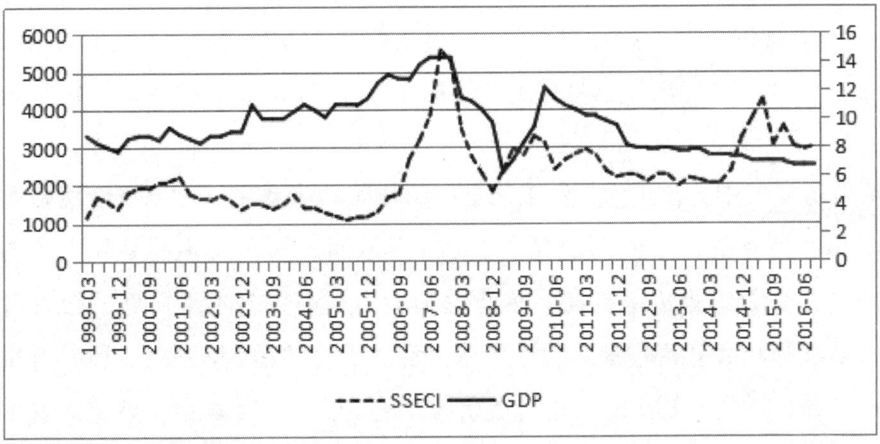

图 5–1　国内生产总值（GDP）的同比增速与上证综合指数（SSECI）的走势图

资料来源：根据相关资料整理所得。

由图 5–1 可见，我国股票市场的发展基本上与 GDP 的同比增速保持同步的变化，但在 2015 年后，我国股票市场的发展与 GDP 的关系出现了新的变化，且由于GDP数据一般为季度或年度数据，与本书所采用的数据频率有所不符，因此，本书用OECD领先指标、规模以上工业增加值及其增速等指标来替代GDP反映我国的经济发展水平，如图5-2所示。

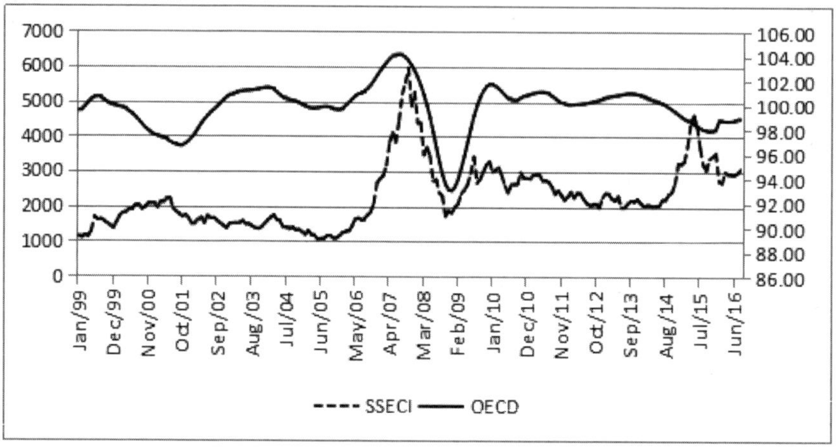

图5-2　OECD领先指标与上证综合指数的走势图

资料来源：根据相关资料整理所得。

（2）物价水平

常见的物价指数有消费者价格指数（CPI）和工业生产者出厂价格指数（PPI）等。消费者价格指数（CPI），是选取一篮子消费品和劳务，以他们在消费者支出中的比重为权数来衡量的市场价格变动率，主要反映消费者支付商品和劳务的价格波动情况。当CPI上涨时，居民购买产品和服务的价格提高，企业销售价格提高，企业盈利能力提高，基本面向好，投资者预期未来红利和股息将增加，股票价格上涨；反之，CPI下跌时，股票价格反而将下跌。因此，CPI的变动与股价波动正相关。PPI表示工业生产者出厂价格指数，又称生产者价格指数，是根据制成品和原料的批发价格指数编制，反映包括原材料、中间品及最终产品在内的各种商品的批发价格的变动状况的物价指数，是工业生产者（包括企业和个人）购买原材料的购买力直接反映，也是企业和个人生产者生产成本的直接反映。当PPI上涨时，企业的生产成本提高，企业盈利能力降低，销售收入不变的情况下利润将减少，用于分配的利润减少，投资者将出售股票，股票价格进一步降低。因此，PPI 与股价波动呈现负相关关系。

但是，单独以 CPI 或 PPI 作为股票市场系统稳定性的评估指标之一又有失偏颇，因此，本书选择以 CPI 减去 PPI 的差值作为评估指标。由上述分析可知，CPI 反映了企业的销售价格，PPI 反映了企业的生产成本，二者的差值正好反映了企业的盈利空间。当该差值达到最大时，恰好反映了企业的利润空间处于最大值，企业的经济效率最高，创造的利润最多。投资者对该企业的投资热情高涨，推动股票价格的上扬。相反，当 CPI 减去 PPI 的差值为负，说明市场上对企业产品的销售价格还低于其生产成本，企业将无利可图。投资者将出售其股票，导致价格下跌。因此，股票市场波动性与 CPI 减去 PPI 的差值呈正相关关系。具体见图 5–3 所示。

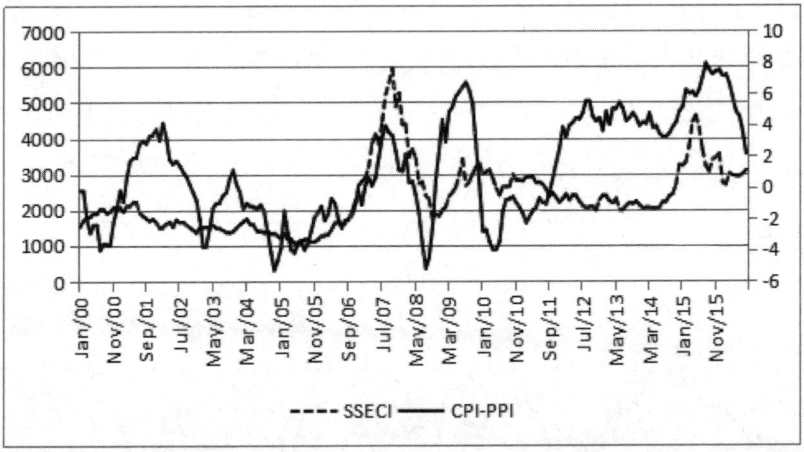

图 5–3　CPI 减去 PPI 的差值（CPI–PPI）和上证综指（SSECI）的走势图

资料来源：根据相关资料整理所得。

另外，采购经理指数（PMI）也是反映经济运行活动的重要评价指标和经济变化的晴雨表，是值得本书研究的指标之一。

（3）货币供应量

货币供应量的大小反映了市场上流动性的充足程度，是中央银行实施货币政策的调整目标。我国现行对货币层次的划分是：① M_0 = 流通中现金；

②狭义货币 $M_1=M_0$ ＋可开支票进行支付的单位活期存款；③广义货币 $M_2=M_1$ ＋居民储蓄存款＋单位定期存款＋单位其他存款＋证券公司客户保证金。另外，还有 $M_3=M_2$+ 金融债券 + 商业票据 + 大额可转让定期存单等。

其中，M_1 和 M_2 是重要的流动性和经济活跃度指标。一般的理论认为：M_1 增加，投资者信心增强，经济活跃度提高，股票价格上涨；反之，M_1 减少，股票价格下跌。M_2 增加，货币供应量增加，同样会提振投资者信心，市场活跃度上升，股票价格上涨；反之，M_2 减少，股票价格下跌。两个指标对于股票价格的影响都是同向变动。因此，不能只考察单个货币供应量指标对股票市场的影响，而是将二者综合起来考虑。从 M_1 和 M_2 的同比增速来看，如果 M_1 的同比增速超过 M_2 的同比增速，表明市场上的准现金增长速度超过了定期存款的增长速度，意味着现金资产的增长速度更快，经济活跃度提高，企业盈利能力提高，刺激投资者加大投资，股票价格上升；反之，则意味着定期存款的增速超过了现金资产的增速，居民更愿意选择定期存款而不是股票交易，说明股市低迷，经济不景气。因此，M_1 和 M_2 的增速之差可以作为影响股票市场运行的重要指标，如图 5-4 所示。

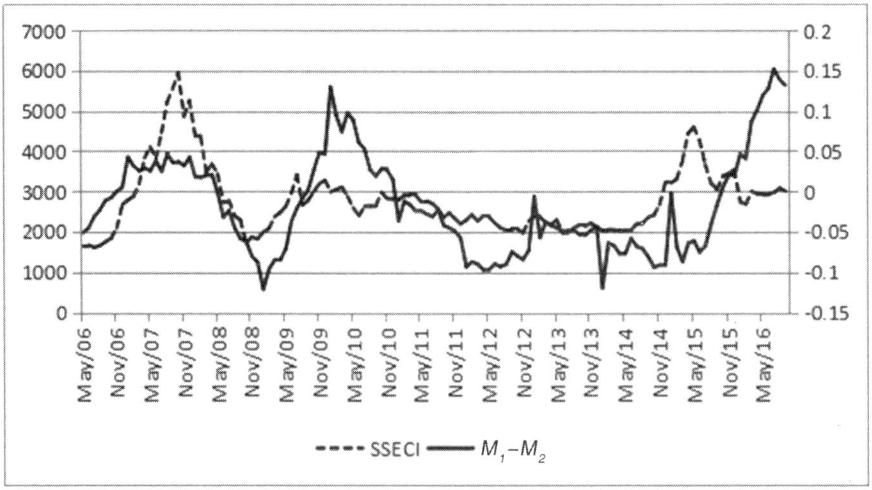

图 5-4　M_1 和 M_2 同比增速之差与上证综指（SSECI）的走势图

资料来源：根据相关资料整理所得。

（4）融资融券交易

融资融券业务的引入为股票市场提供了买空卖空机制，为投资者提供了更多的融资渠道。它是一种信用交易或保证金交易制度，投资者可以以所持有股票为抵押物，向证券公司借入资金买入股票（融资交易）或借入证券卖空（融券交易）。成熟的资本市场将其作为一种不可或缺的证券交易机制，能够有效降低波动率，增加市场流动性，并且有利于改变资本市场“单边市”状况，为投资者提供规避市场风险的工具。我国自 2010 年 3 月 31 日起开始 A 股市场融资融券交易试点，首批试点标的股票为 90 只，后经多次有序扩容，到 2016 年 8 月 31 日已达到 879 只。

虽然融资融券交易目前仍处于初步发展阶段，相关交易总量在整个股票市场所占的比重还较小，月末融资融券余额占股市流通市值的比例最高峰值也不足 5%。但融资融券交易的推出结束了我国股票市场没有卖空机制的历史，对股票市场的发展产生了不容忽视的影响。2015 年上半年股市的繁荣及突如其来的“股灾”，虽然是各种因素共同作用的结果，但融资融券交易在其中扮演了重要的角色。这点从融资融券余额与上证综指（SSECI）的走势图可见一斑（图 5-5）。

图 5-5　融资融券余额（MT）与上证综指（SSECI）的走势图

资料来源：根据相关资料整理所得。

（5）国际资本市场指数

金融全球化使得全球金融活动和风险发生机制日益紧密联系，金融业务和金融机构跨国发展，国际资本大规模地流动，金融活动规则国际化，金融众市场国际化。高度关联的国际金融市场在为投资者交易提供便利的同时，也为系统性风险传染提供了土壤。历次金融危机的爆发证实了风险要素在国际市场间快速传染的危害性。另外，金融全球化与金融自由化是紧密联系在一起的。金融自由化不仅为该国金融体系带来了金融深化与创新、资本市场的繁荣，也会对资本市场的稳定产生冲击。

因此，我国股票市场的系统稳定性也会受到国际资本市场的影响，典型的案例就是 2007 年次贷危机。国际上主要资本市场指数的波动是值得研究的经济指标，如道琼斯指数、恒生指数、日经指数等。

（6）汇率

对外贸易作为我国经济的三驾马车之一，其发展直接关系到我国经济的稳定发展，与之直接关联的因素是汇率。汇率的主要影响因素是美元的价格，因此，考查美元的价格关系到我国的经济发展。

实际操作中，投资者常用美元指数（US Dollar Index，即 USDX）来反映美元的价格。在欧洲货币市场，欧洲美元是主要的交易产品。美元指数正是用来衡量国际外汇市场上的美元汇率变动情况，反映了美元的强弱程度。一般而言，美元指数上涨，表示美元升值，以美元计价的大宗商品价格下跌，股票市场指数会有所上升。但对一些行业也有冲击，比如说，出口行业，货币升值会提高出口商品的价格，因此对一些公司的出口商品有影响。若美元指数下跌，则恰好相反。美元指数与我国股票市场的关系如图 5-6 所示。

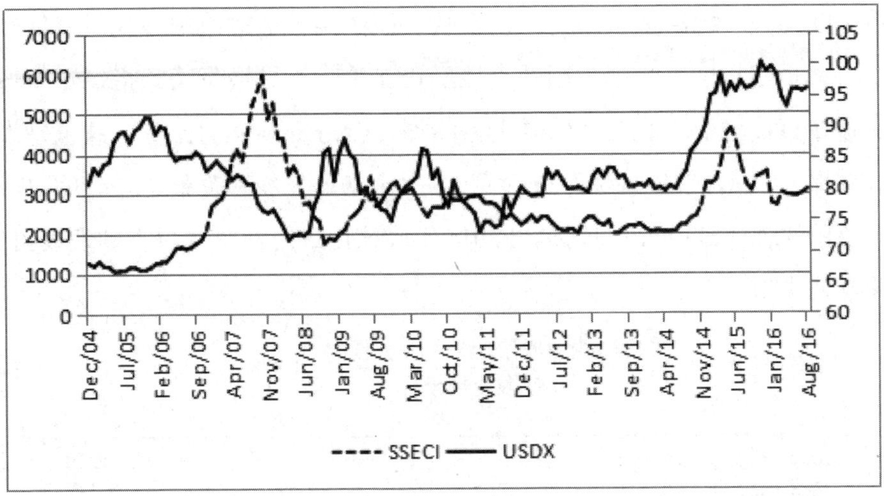

图 5-6　美元指数（USDX）与上证综指（SSECI）的走势图

资料来源：根据相关资料整理所得。

另外，OECD 编制的"实际有效汇率指数"能够反映本国货币的价格波动，也可以作为考察的指标。

2. 市场结构因素

正如第 3 章所述，金融稳定受到金融结构调整的影响，一旦金融结构调整失败造成结构失衡，金融稳定性便受到威胁，甚至会成为金融危机的罪魁祸首。与股票市场系统稳定性密切相关的金融结构问题，主要包括金融融资结构、市场层次结构和金融工具结构变迁带来的影响。具体的衡量指标有反映融资结构的"直接融资比重"，反映股票市场层次结构的主板、中小板、创业板市场占比，反映金融工具结构的"股票市值 / GDP""股债比""流通市值 / M_2"等经济指标。本书以以下四个指标来说明我国资本市场的市场结构变迁对股票市场的影响。

（1）直接融资比重

我国通常将融资方式分为"直接融资"和"间接融资"。直接融资通常指股票和债券融资，间接融资通常指银行贷款。直接融资和间接融资的比例关系，既反映一国的金融结构，也反映一国中两种金融组织方式对实体经济的支持和贡献程度。我国常用的直接融资比重指标是增量法，指每年新增非金融企业直接融资（股票和债券）占新增社会融资规模的比重。这也是人民银行在提出“社会融资规模”概念后，在《金融业发展和改革“十二五”规划》中所使用的统计口径，该规划提出2015年底该比重达到15%以上的发展目标。其计算公式为：

$$直接融资比重=\frac{非金融企业股票融资+企业债券}{社会融资规模}\times 100\% \tag{5-1}$$

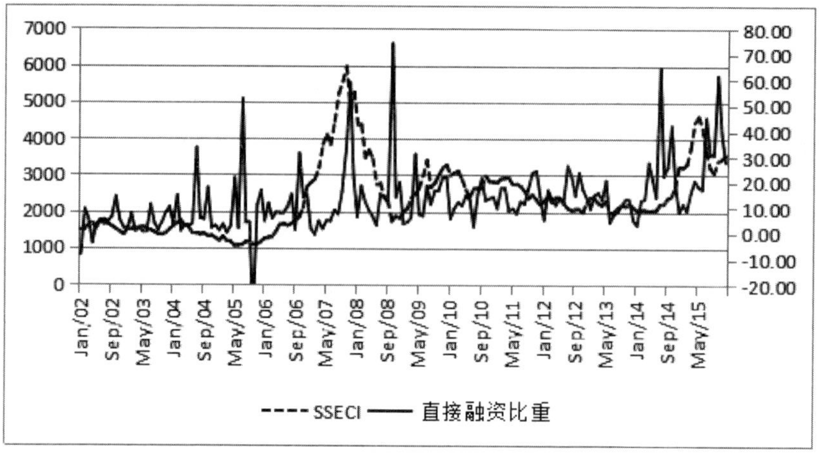

图 5-7　直接融资比重与上证综指（SSECI）的走势图

资料来源：根据相关资料整理所得。

增量法计算的直接融资比重反映了短期内直接融资在社会融资总规模中所占的比重，能反映我国融资结构在短期内的变化情况。但直接融资比重也存在较大的缺陷，比如不能反映金融存量结构；易受市场环境、政策变化的影响，波动较大；且国际数据可得性较差，难以进行国际比较。该指标与股票市场之间的关系如图 5-7 所示。

（2）股债比

金融市场按照交易的金融工具不同可以划分为很多个不同的市场，如票据市场、股票市场、债券市场、衍生品市场等等。在我国，由于金融衍生品尚处于起步阶段，还未形成具有影响力的市场，因此，本书主要考虑股票市场和债券市场之间的市场结构问题，将二者的市值比例称为“股债比”指标，其计算公式为

$$股债比 = \frac{月末股票市场市值}{月末债券托管量} \times 100\% \tag{5-2}$$

该比例反映了我国资本市场的市场结构的变迁历史及其对股票市场的影响，由图 5-8 可见。

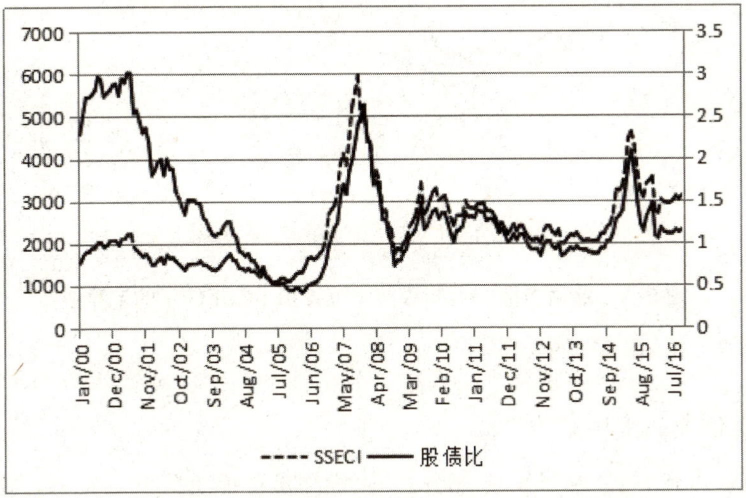

图 5-8 股债比与上证综指（SSECI）的走势图

资料来源：根据相关资料整理所得。

（3）流通市值 / M_2 比率

根据 2013 年交银国际的一份研究报告认为，资金的流动性决定了股票市场的表现，而股票市场的流通市值与 M_2 的比例能够方便地反映出市场上的流动性。由图 5-9 也可看出，该比率与我国股票市场的关系非常紧密。

图 5-9　流通市值 / M_2 比率与上证综指（SSECI）的走势图

资料来源：根据相关资料整理所得。

（4）创业板市场占比

作为资本市场的重要组成部分，我国的创业板市场自 2009 年 10 月创办以来，在我国的股票市场体系中发挥着愈发重要的作用，其市值也由刚开始的微不足道发展成为现在的举足轻重。创业板市场不仅丰富了企业（尤其是高科技企业）上市融资的渠道，也为投资者提供丰富的优质资产，为我国多层次资本市场建设打下了牢固的基础。创业板市场的存在，有利于增强股票市场的流动性，有利于增强股票市场防范风险的能力，有利于股票市场的稳定。本书所选择的指标“创业板市场占比”，是指创业板市场的市值在整个 A 股市场中的比重，反映了创业板市场的发展规模情况，具体见图 5-10 所示。

图 5–10　创业板市场占比与上证综指（SSECI）的走势图

资料来源：根据相关资料整理所得。

3. 投资者行为

行为金融学认为，证券市场中的投资者并非“完全理性人”，由于结构层次的不同、认知过程的偏差和心理方面等原因，投资者在投资决策过程中并不能很好地遵从最优决策模型，从而导致许多非理性行为或现象的发生，如红利之谜、封闭式基金之谜、一月效应、小盘股效应等异常行为。由于我国的股票投资者大部分均为中小投资者（或称为“散户”），他们的交易行为影响了我国股票市场的表现,尤其是异常行为的发生更会产生较大的影响。因此，本书主要从投资者结构和投资者情绪两个角度出发考察投资者行为对股票市场系统稳定性的影响。

（1）投资者结构

通常，股票市场的投资者分成机构投资者和个人投资者，二者的数量和投资规模占比等指标反映了投资者在股票市场的结构。其中，个人投资者由于投资较为分散、投资方向不明确，对股票市场影响能力有限，而机构投资者会对市场运行产生较大的影响。但我国的实际情况与国外发达市场有很大区别，个人投资者无论是在数量上还是在持股市值上均占有绝对的优势，他们的交易行为（尤其是过度自信的行为模式）更容易影响股票市场的表现，如图 5–11 所示。

图 5–11　个人投资者持股市值比重与上证综指（SSECI）的走势图

资料来源：根据相关资料整理所得。

（2）投资者情绪

投资者情绪是指投资者对未来预期的系统性偏差，是一个投资者能够感受到的重要的却又难以度量的概念，它反映了市场参与者的投资意愿或者预期。在经济活动中，情绪是个不确定因素，它影响到投资者对未来收益的主观判断，进而影响到其投资行为，形成合力后，对市场会形成很大的影响。投资者情绪对未来市场波动的影响逻辑在于对正面消息、负面消息的逐级正反馈放大。为了定量衡量投资者情绪，国内外学者已经取得了不少研究成果，有的学者选用单一或多个指标，比如“封闭式基金平均折价率”“IPO 首日收益率”“市场平均换手率”等，有的学者和机构通过构建投资者情绪指数进行定量分析。例如，国泰安数据库构建了“ISI 投资者情绪指数”来分析投资者情绪对于股票市场运行的影响，该指标与上证综指（SSECI）的走势见下图（图 5–12）。

其中，根据国泰安数据库中关于 ISI 投资者情绪指数的说明，ISI 包括六个情绪因子，分别是封闭基金平均折价率（DCEF）、IPO 首日收益率均值（RIPO）、IPO 数量（NIPO）、新增开户数（NA）、市场换手率（TURN）和消费者信心（CCI），其计算公式为：

$$ISI = 0.64 \times NA + 0.521 \times TURN + 0.229 \times CCI + 0.351 \times DCEF + 0.227 \times NIPO + 0.463 \times RIPO$$

该指标与上证综合指数高度相关，二者之间的相关系数为 0.948。

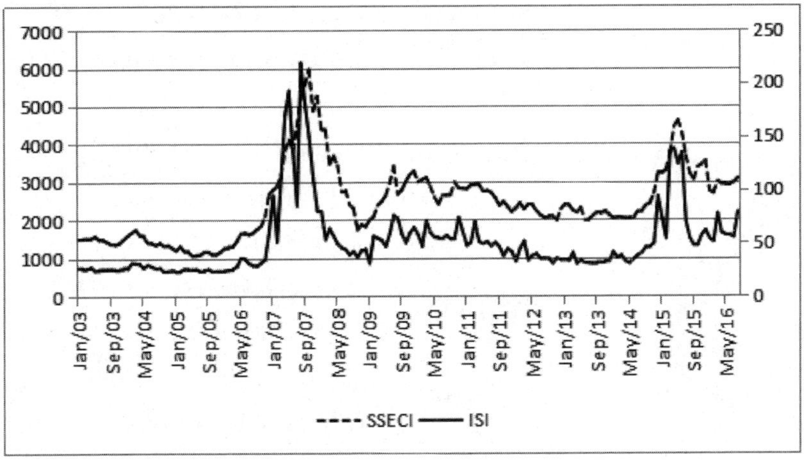

图 5-12　投资者情绪指数与上证综指（SSECI）的走势图

资料来源：国泰安（CSMAR）数据库。

综上，本书初步选择的待选指标有 39 个，具体见表 5-1。

表 5–1 初步选择的待选指标一览表

一级指标	二级指标	三级指标	四级指标
宏观环境因素	国内经济与政策	国内经济发展	工业增加值及其增速、固定资产投资增速、发电量同比增速、OECD 领先指标、
		物价指数	CPI、PPI、CPI–PPI、PMI
		货币供应	M_0、M_1、M_2、M_1 同比增速、M_2 同比增速、M_1 与 M_2 同比增速之差、融资融券余额、实际利率
	国际金融市场传染	国际资本市场指数	道琼斯指数、标准普尔指数、恒生指数、日经指数、伦敦金融时报指数
		对外贸易	美元指数、实际有效汇率指数
市场结构因素		融资结构	直接融资占比、间接融资占比
		层次结构	主板、中小板、创业板市场占比
		工具结构	股债比 流通市值与 M_2 之比
投资者行为		投资者结构	个人投资者持股占比、机构投资者持股占比、个人投资者数量占比、机构投资者数量占比
		投资者情绪	封闭式基金平均折价率、IPO 首日收益率、市场平均换手率、ISI 投资者情绪指数

各指标数据来源于中国国家统计局、中国人民银行、上海证券交易所、中国证券监督管理委员会等官方网站，国泰安（CSMAR）、锐思数据（RESSET）等专业数据库，以及雅虎财经（finance.yahoo.com）等财经门户网站。

5.1.3 预警指标的有效性分析

1. 有效性分析的基本原理

由上一小节分析可知，待选指标与上证综指的走势基本保持一致，但指标是否有效，能否准确地识别股票市场的稳定或不稳定状态，还需要做进一步的定量分析来加以说明。

在当前的金融危机预警研究中，明确提出预警指标的有效性概念的是

Kaminsky 等人。国际货币基金组织（IMF）的三个专家 Kaminsky、Lizondo 和 Reinhart 于 1997 年创建了信号分析法来预警货币危机，并由 Kaminsky 在 1999 年进一步完善。信号分析法的核心思想是挑选与危机发生有较大关联的变量作为货币危机的先行指标，通过事先设定的一个阈值来检验该指标的历史数据，用于确认该指标数值是否发出危机信号。当指标在一段时间内多次发出危机信号，说明在该指标范畴内这个国家爆发危机的可能性较大。

先行指标的有效性是检验噪音信号比的大小来判断先行指标的预警能力。当噪音信号比越小，说明先行指标对货币危机的预警能力越好。先行指标发出危机信号后的 24 个月内发生货币危机，则该信号是“好信号（good signal）”；若先行指标虽然发出危机信号，但在随后的 24 个月内并没有发生货币危机，则该信号是“坏信号（false signal）”，或叫“噪音（noise）”。对于单个指标而言，其噪音可以根据表 5-2 来计算。

表 5-2　单个指标的噪音判别表

	24 个月发生危机	24 个月未发生危机
发出信号	A	B
未发出信号	C	D

资料来源：Kaminsky、Lizondo 和 Reinhart（1997）。

其中，当某月该指标发出危机信号，且在随后 24 个月内确实发生了危机，计入 A；若当月该指标已经发出危机信号，但是在随后 24 个月内没有发生危机，则计入 B。当该指标没有发出危机信号，且在随后 24 个月内确实没有发生危机，计入 D；若该指标没有发出危机信号，但是在随后 24 个月内却发生了危机，则计入 C。因此，A 表示指标发出信号且发生危机的次数，B 表示指标发出信号但未发生危机的次数，C 表示指标未发出信号但发生危机的次数，D 表示指标未发出信号且没有发生危机的次数。在 KLR 模型中，噪音信号比的计算方法有四种。一是 $A/(A+C)$，表示发生危机前提下该指标准确发出信号的比例；二是 $B/(B+D)$，表示没有发生危机条件下该指标反而发出了信号的比例；三是 $[B/(B+D)]/[A/(A+C)]$，表示有效信号和无效噪音的比例，Kaminsky 将其定义为调整的噪音信号比，反映了指标的预警效果，比值越小，说明指标的预警效果越好。$A/(A+B)$ 表示有效信号占所有预警信号的比率，有效指标的辨别条件还包括 $[B/(B+D)]/[A/(A+C)]$ 必须小于 $A/(A+B)$。有效的指标将用于预警货币危机，而被确定无效的指标将被剔除。

在实际操作中，KLR 信号分析法存在几个难点和争议之处。一是危机的确定。Kaminsky 等人将货币危机定义为货币的大幅贬值，用货币的贬值幅度或外汇储备的下降速度来判断货币危机是否爆发。他们收集二十多个国家近 30 年来爆发货币危机的数据，构建外汇市场压力指数来量化货币危机，并指出危机爆发的具体月份。该压力指数是汇率波动幅度和储备波动幅度的加权平均，计算公式如下：

$$I_t = w_t \times \frac{\Delta e_t}{e_t} - (1 - w_t) \times \frac{\Delta R_t}{R_t} \tag{5-3}$$

其中，I_t表示第t月外汇市场压力指数，e_t为第t月汇率，R_t表示第t月国际储备。货币贬值和国际储备损失的程度越深，外汇市场压力指数降低的幅度越大。当$I_t > \bar{I} + 3\sigma_t$时，则代表该国在第 t 月爆发了货币危机。外汇压力指数能够简便地量化货币危机，据有很强的可操作性，能够轻易地判断该国是否爆发了危机。

二是安全阈值和信号时间的确定。信号分析法中，预警信号必须是先行指标突破某个临界值后才发出，这个临界值即安全阈值，它的确定带有一定的主观性。如果指标发出危机信号，该国在某一段时间内有可能发生货币危机，也有可能不发生货币危机。这个时间段，本书称之为信号时间。根据不同的研究目的，信号时间可以做不同的设置。Kaminsky、Lizondo 和 Reinhart 将信号时间设定为 24 个月，安全阈值设定为某个百分位数，且不唯一。实际操作中，针对某个指标，笔者尝试多个百分位数，寻找使噪音信号比最小的临界值作为指标的安全阈值。对于不同的指标，其安全阈值也不尽相同。这无疑加大了 KLR 模型的操作量，且难逃主观性的指责。

抛开一些主观性的缺陷，KLR 模型仍不失为一个较好的模型，判断指标有效性的研究比较系统，也比较容易理解。因此，本书首先采用 KLR 方法来检验初选指标的有效性。

2. 指标有效性的检验

在进行检验之前，首先要明确几个问题：①股市危机的确定。本书根据第四章所构建的m指标的大小来确定股票市场所处的状态，当$m>1$时，表示股市处于不稳定状态；当$m<1$时，表示股市处于稳定状态。②信号区间的确定。不同于货币市场和外汇市场，股票市场的价格波动更加快速，交易更加活跃，危机带来的影响和持续时间相对较短，因而，本书将信号区间确定为 12 个月。如果先行指标发出预警信号，而股票市场确实在未来的 12 个月内处于不稳定状态，则该信号为“好”信号。预警信号的其他设定参照表 5–2。③安全阈值的确定。针对每一个先行指标，都要计算其 5%~20% 的每一个百分位数，并据此判断预警信号及其和不稳定状态的关系，分别计算A、B、C和D的数值，从而计算每个百分位数对应的噪音信号比，最终确定先行指标的安全阈值。④有效指标的判断依据主要有两条，一是调整的噪音信号比 $[B/(B+D)]/[A/(A+C)]$ 最小，二是调整的噪音信号比小于 $A/(A+B)$。

其次，代入数据资料，对初步选择的预警指标分别做有效性检验。本书以 OECD 领先指标为例，介绍具体的检验步骤。第一，计算 OECD 领先指标的百分位数，确定指标发出信号的区间。第二，根据m指标确定股票市场所处的状态，$m<1$，代表稳定状态，标记为“0”；否则，标记为“1”。第三，代入指标数据，判断指标在不同时间是否发出信号。第四，判别噪音情况，计算A、B、C和D的数值，计算噪音信号比率。第五，重复以上步骤，计算不同百分位数下的噪音信号比率。最后，选择最小的噪音信号比率作为最佳噪音信号比，所对应的百分位数为该指标的安全阈值。检验结果见表 5–3。

表 5–3　OECD 领先指标的有效性分析结果表

安全阈值			12 个月内不稳定	12 个月内稳定
	发出信号		$A=25$	$B=1$
20%	未发出信号		$C=56$	$D=42$
对应区间	最佳噪音信号比			
	$\frac{A}{A+C}$	$\frac{B}{B+D}$	$\frac{B/(B+D)}{A/(A+C)}$	$\frac{A}{A+B}$
(97.92,102.38)	0.3086	0.0233	0.0753	0.9615

同样，本书对其他指标进行检验，按照最佳噪音信号比的大小排序，最终确定最佳噪音信号比最小的 11 个指标作为预警指标，构成指标体系。结果见表 5–4。

表 5–4　最终确定的预警指标体系一览表

一级指标	二级指标	三级指标	指标代码	是否有效	最佳噪音信号比
宏观环境因素	国内经济发展	OECD 领先指数	X_1	是	0.0753
		CPI–PPI	X_2	是	0.4186
	货币供应	M_1 与 M_2 同比增速之差	X_3	是	0.3924
		融资融券余额	X_4	是	0.3461
	对外贸易	美元指数	X_5	是	0.2093
市场结构因素	金融市场结构	股债比	X_6	是	0.0819
		流通市值与 M_2 之比	X_7	是	0.1256
	层次结构	创业板市场占比	X_8	是	0.2961
	融资结构	直接融资比重	X_9	是	0.2691
投资者行为	投资者结构	个人投资者持股占比	X_{10}	是	0.2473
	投资者情绪	投资者情绪指数	X_{11}	是	0.2691

5.2 综合预警指数的合成

据前文所述，我国的股票市场系统稳定性的内涵非常丰富，涉及股票市场所处的生态环境建设、股票市场运行机制和投资者行为等各个方面，单个指标难以完整概括所有信息，其预警效力存在明显不足而且，某些指标之间发出的信号也存在矛盾的情况，不能依赖单个指标来预警与监测股票市场系统稳定性。因此，本书尝试将上述指标综合起来，构建一个综合预警指标，实现评估与监测我国股票市场系统稳定性的目标。

5.2.1 基本步骤

本章根据 Miguel（2010）以及何德旭（2013）采用的等方差加权方法（Variance-equal Weight Method）来构建我国股票市场系统稳定性的综合预警指数，基本方法和步骤如下：

第一步，基础数据的处理。

本书共选取了 11 个预警指标组成股票市场系统稳定性的评估指标体系。由于各指标具有不同的量纲，以及各指标的正逆属性，因此需要先对数据进行标准化处理，即

$$X_{it}^{*}=\frac{X_{it}-\overline{X_i}}{\sigma_i} \tag{5-4}$$

第二步，指标权重的确定。

根据查阅的相关文献资料显示，通常用于确定指标权重的方法有三种，分别是加权平均法、层次分析法和主成分分析法。

1. 加权平均法

加权平均法是很常见的一种方法，根据一定规则，为各项基础指标设置权重，进而计算各项指标的加权平均值。此方法的优势在于简单方便，只要确定好赋权规则，所有指标都按照事先确定好的权重计算，在最后综合指数的计算中，该权重不会发生改变。同样，加权平均法也有其劣势。一是权重

的确定具有很大的主观性，无法根据实际情况来做相应改变，不够灵活。二是此方法没有考虑到各项基础指标的相关性问题，存在重复计算的问题。

2. 层次分析法（AHP）

层次分析法是将复杂问题简单化、数量化的方法。通过分解复杂问题为若干层次的简单问题和若干简单因素，采用专家打分法，计算各因素的权重和分值，从而获得基础指标的权重。该方法通过化繁为简的思想，将复杂问题简单化处理，结构层次清晰，比较容易实现。但是，应用 AHP 方法非常依赖于专家打分制度，依赖于所选择的专家的专业认知能力，主观性强烈。

3. 主成分分析（Principal Components Analysis，PCA）

主成分分析是统计学里常用的降维技术，可以将多个高度关联的指标简化成少数几个相互独立的指标。考虑到原始基础指标的相关性，应用 PCA 技术，可以将原始指标合并成相互独立的成分指标，在消除相关性和减少指标数量的同时，保留了原始指标的绝大部分信息，使合成的指数不会失真。而且，应用 PCA 技术，在分析过程中，自动获得成分指标的权重，消除了人为因素的干扰，保持了合成指数的客观性。与前两种方法相比较，PCA 具有无可比拟的优越性。因此，本书选取主成分分析法来重新选择成分指标和确定权重，构建合成指数。

第三步，综合预警指数的合成。

综合预警指数（Comprehensive Early-warning Index，简称 CEI）是本章根据 Miguel（2010）及何德旭（2013）采用的等方差加权方法（Variance-equal Weight Method），综合考虑预警指标的潜在影响合成而来的。合成该指数的公式如下：

$$CEI_t = \sum \omega_{it} \times \left(\frac{X_{it} - \overline{X}_{it}}{\sigma_i} \right) \tag{5-5}$$

其中，CEI_t 为第t期的综合预警指数；ω_{it}为第t期第i个预警指标的权重；X_{it}为第t期第i个预警指标的取值，$\overline{X}_{it}$为第t期第i个预警指标的中长期趋势值；σ_i为第i个预警指标的标准差；$\frac{X_{it} - \overline{X}_{it}}{\sigma_i}$为第$t$期预警指标$\overline{X}_{it}$对其中长期趋势的偏离程度，反映了预警指标偏离长期均衡的金融压力大小。因而，当预警指标都达到长期均衡时，$CEI_t = 0$，此时，金融生态环境与股票市场均达到理想中的绝对稳定状态，这与传统经济金融理论相符合。当 $CEI_t > 0$ 时，说明大部分预警指标超过其长期趋势，有经济过热的迹象，CEI_t 值越大，经济过热的可能越大，可能会有泡沫的产生，经济有下行甚至泡沫破灭的危险，股票市场的系统稳定性越差；当 $CEI_t < 0$ 时，说明大部分变量低于其长期趋势，经济处于衰退状态，CEI_t 的绝对值越大，意味着经济已经或将进入谷底，未来有反转的可能，虽然股票市场的稳定性仍然较差，但未来将逐渐趋于稳定。

从概率统计的角度出发，股票市场的系统稳定性反映了股票市场作为一个系统在面临系统性冲击时快速回复的能力。$|CEI_t|$ 的值越小，说明当期的股票市场稳定性越高，即使受到外部冲击，股票市场也能够快速恢复稳定。因而，若 $|CEI_t| \leqslant 1.96$，则认为股票市场处于稳定状态，且有 95% 的置信度保证；若 $|CEI_t| > 1.96$，则认为股票市场处于不稳定状态，且有较大概率发生股票市场危机。

5.2.2　实证分析

由于融资融券业务于 2010 年 3 月 31 日开始试点，发展迅速且成为我国股市不可忽视的一项交易，因此，笔者首先截取 2010 年 4 月至 2016 年 8 月之间的数据进行分析。根据上述步骤，笔者在整理基础数据后，运用 Eviews 软件进行了主成分分析，结果如表 5–5。

表 5–5　主成分分析结果

主成分顺序	特征值	贡献率	累计特征值	累计贡献率
1	5.880338	0.5346	5.880338	0.5346
2	2.558084	0.2326	8.438422	0.7671
3	1.256114	0.1142	9.694536	0.8813
4	0.63455	0.0577	10.32909	0.939
5	0.261128	0.0237	10.59021	0.9627
6	0.1909	0.0174	10.78111	0.9801

续表

主成分顺序	特征值	贡献率	累计特征值	累计贡献率
7	0.096268	0.0088	10.87738	0.9889
8	0.060152	0.0055	10.93753	0.9943
9	0.031467	0.0029	10.969	0.9972
10	0.022568	0.0021	10.99157	0.9992
11	0.00843	0.0008	11	1

资料来源：根据相关资料整理所得。

由表 5-5 可知，前三个主成分对 11 个预警指标的解释能力达到了 88.13%，第 1 主成分的解释力也达到 53.46%，因此，笔者选用第 1 主成分的各指标得分作为权重构建综合预警指数。具体权重见表 5-6。

表 5-6　成分指标权重表

指标代码	基础指标	权重	指标代码	基础指标	权重
X_1	OECD 领先指数	0.3692	X_7	流通市值与 M_2 之比	0.3162
X_2	CPI-PPI	0.1849	X_8	创业板市场占比	0.3003
X_3	M_1 与 M_2 同比增速之差	0.1228	X_9	直接融资比重	0.1874
X_4	融资融券余额	0.3817	X_{10}	个人投资者持股占比	0.3364
X_5	美元指数	0.3642	X_{11}	投资者情绪指数	0.3226
X_6	证债比例	0.3054			

资料来源：根据相关资料整理所得。

最后，根据式（5-1），笔者计算了样本期内的综合预警指数 CEI，并与上证综指（SSECI）进行对照，如图 5-13 所示。

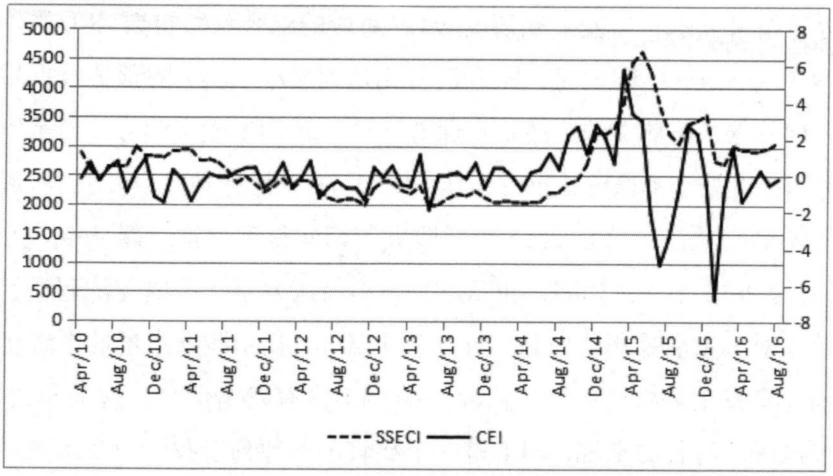

图 5–13　样本期内的综合预警指数与上证综指（SSECI）的走势图

资料来源：根据相关资料整理所得。

由上图可见，绝对稳定状态（即 CEI_t 为零）是难以维持的，而且绝对稳定与现实情况并不相符，因为绝对稳定同时意味着股票价格将不再变动或波动很小，反而使股市失去了吸引力和投资热情，经济发展停滞不前。因此，相对稳定状态更加重要，既能保证股票市场的活力，又使经济处于相对可控状态，政府和监管部门可以通过市场手段调整经济发展和股票市场的稳定运行。

同样，本书利用 KLR 信号法分析综合预警指数 CEI_t 的有效性。与第三节所述的方法与步骤一致，分析 CEI_t 的有效性，结果如表 5–7 所示。

表 5–7　综合预警指数有效性分析结果表

安全阈值			12 个月内不稳定		12 个月内稳定
	发出信号		A=9		B=1
8%	未发出信号		C=32		D=35
对应区间	最佳噪音信号比				
	$\frac{A}{A+C}$	$\frac{B}{B+D}$		$\frac{B/(B+D)}{A/(A+C)}$	$\frac{A}{A+B}$
(−1.967,2.32361)	0.2195	0.0278		0.1265	0.9

分析结果显示，当安全阈值为 8%，对应的综合预警指数 CEI_t 的数值在（-1.967，2.324）区间内时，噪音信号比达到最小，CEI_t 的预警效果最好。信号区间的选择与前文的论述基本保持一致，当 CEI_t 发出信号，预示股票市场未来可能会处于不稳定状态时，在 12 个月内 m 指标必然会大于 1，股市确实处于不稳定状态，这在 2015 年“股灾”期间得到验证，即 A=9。在 2012 年 12 月至 2013 年 4 月期间，正值欧债危机持续发酵、国内经济调整，我国股票市场对未来前景担忧所致，m 指标大于 1，显示股票市场的系统稳定性在减弱，有发生危机的可能，而此时的 CEI_t 没有发出信号，这是导致 C=32 的主要原因。但总的来说，CEI_t 是一个比较准确地预警我国股票市场系统稳定性的有效指标。

5.2.3 我国股票市场系统稳定性分析

根据实证分析结果，综合预警指数 CEI_t 的数值在 2010 年 4 月至 2016 年 8 月间波动幅度较大，从中可以看出，我国股票市场系统稳定性大体可以分成三个阶段。

1. 2010 年 4 月至 2014 年 8 月

这一阶段，我国股票市场系统稳定性的综合预警指数 CEI_t 的数值维持小幅波动的状态，其数值在 2013 年 6 月达到最低点 -1.9191，在 2014 年 7 月达到最高点 1.1984，说明这期间我国的股票市场处于系统稳定状态。从宏观经济因素上看，次贷危机的影响仍然影响深远。由于前期的经济刺激计划，我国经济发展保持在一个较高的水平，而国际经济形势并未转好，使得部分行业出现产能过剩问题。在去产能政策的驱动下，我国的经济发展速度放缓，从 2010 年和 2011 年的季度增速 10% 左右下降至 2014 年第三季度的 7.3%。与此同时，物价指数也不断上涨，房地产价格上涨尤其迅猛，利率呈现负利率状态，我国又缺乏优质的投资资产，股市处于长期的熊市，导致居民储蓄更多地投向房地产，引起房地产泡沫。这使得投资者更加不愿意投资股票市场，投资者情绪低迷，ISI 维持在 40 左右，持股比例屡创新低，股票市场维持在一个低位震荡状态。总的来说，我国的股票市场在这一阶段保持在稳定状态，但这样的“稳定状态”却不是一个健康的状态，因为巨大的房地产泡沫、低迷的股票市场和情绪低落的投资者给资本市场乃至整个金融系统安全带来了隐患。

2. 2014 年 9 月至 2016 年 2 月

这一阶段，综合预警指数 CEI_t 的数值在迅速突破 2.0，一路上扬直到 2015 年 3 月的最高点 5.7987，并在 2015 年 6 月急速降低为 –2.1321，此后，又有大幅度的震荡，在 2016 年 1 月达到最低点 –6.8408，说明这一时期我国的股票市场处于不稳定状态。事实上，我国的股票市场经历了一次“过山车”，上证综指（SSECI）从 2014 年 9 月的 2363.87 点[①] 快速地“暴涨”至 2015 年 5 月的最高点 4611.74 点，然后迅速地断崖式地跌至 2016 年 2 月的 2687.98 点，理论界和实务界常常称之为“股灾”。

在此期间，融资融券业务和量化交易等新型的杠杆交易模式扮演了重要的角色。在 2014 年 9 月至 2015 年 5 月的“暴涨”阶段，每月月末的融资融券余额的环比增长速度基本都维持在 15% 以上，增速最快的时期是在 2015 年 3 月达到 32%；而在 2015 年 7 月，其增速也暴跌至 –32.98%，说明融资融券业务因政策改变而受到清理，造成股市急跌。从宏观上看，这与政府、监管部门对股票市场的“加杠杆”和房地产市场的“去杠杆”政策转变密切相关。当房地产泡沫和地方政府融资平台的巨额债务等需要部门“去杠杆”时，市场希望国家通过引导股市走牛来解决社会杠杆过高等深层次问题的预期在各方媒体的炒作下不断放大，甚至有媒体言论称股市将冲上万点。同时，新一轮改革、转型升级工作的开展，一带一路等政策赋予中国经济将长期增长的内在动力，货币宽松、利率低廉的金融环境，刺激了股票市场“加杠杆”的

① 此处的股价指数指的是月末收盘价格指数。

动力。在房地产投资受限、实体经济低迷的时候，融资融券、场外配资、理财产品等资金涌入股票市场，造成了股市的“暴涨”。但随后情况发生了逆转，经济持续低迷，下行压力加大，物价持续上涨，与之前的预期相背离。而监管部门为了防范过度和无序的杠杆带来的后果，加大了场外配资和融资融券业务的清理力度，在很大程度上造成了股市的“去杠杆”，资金快速从股市流出，造成了股票市场的“急跌”。在本轮“股灾”中，杠杆交易正可谓是“成也萧何；败也萧何”，而躲在幕后的“刘邦”，则是政府和监管部门的政策转变，这与我国股票市场一贯以来的“政策市”极其相符。

3. 2016 年 3 月至 2016 年 8 月

这一阶段，CEI_t 的数值恢复到小幅度波动状态，即股市重新恢复稳定。经过前一阶段的“暴涨 + 急跌”的灾难性表现之后，我国政府采取了有效的措施，基本遏制了股市系统性风险再次爆发的可能性，股市的系统性风险得到基本、有效的释放，进入新一轮的恢复调整期。

5.3 本章小结

本章采用 KLR 信号分析法，讨论了系统稳定性预警指标体系的构建。首先，本章从宏观环境因素、市场结构因素与投资者行为等三个方面，初步筛选了 39 个预警指标。其次，从准确性与时效性等角度出发，本章对单个指标的预警效力进行了比较分析。通过计算不同百分位数下的噪音信号比，本章选取噪音信号比最小的 11 个指标作为预警指标，包括：OECD 领先指标、CPI 与 PPI 之差、M_1 与 M_2 同比增速之差、融资融券余额、个人投资者持股占比、投资者情绪指数等。最后，针对单个预警指标预警效力不足、不同预警指标可能发出矛盾信号灯问题，本章通过方差加权方法构建了综合预警指数，全面提取各单个指标的预警信息，以提高预警的准确性。实证分析结果表明，CEI 指标具有较好的预警效果。

第 6 章　2015 年 6 月始的“股灾”之演化、成因及政策建议

综合预警指数 CEI 具有良好的预警能力，可以通过单个预警指标和 CEI 来预警我国股票市场系统稳定性，监测股市的运行状态。因此，本章将基于 CEI 指标来讨论我国股票市场在 2015 年 6 月开始爆发的“股灾”的演化历程、成因，以及提出一些可行的政策建议。

6.1　本轮“股灾”的演化历程

本轮“股灾”的爆发时期在 2015 年的 6 月至 8 月之间，其集中表现为股票价格的“暴涨”和“急跌”（清华大学国家金融研究院，2015），如图 6–1 所示。

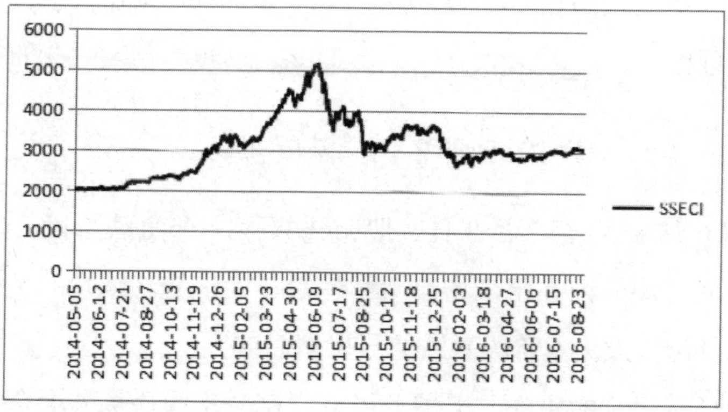

图 6–1　上证综指（SSECI）“股灾”前后的走势图

资料来源：根据相关资料整理所得。

由图6-1可见，我国股市在此期间主要经历了“暴涨”和“急跌”两个阶段：

6.1.1 2014年下半年至2015年6月：暴涨阶段

结合图6-1可知，随着融资融券业务从不被认识到疯狂追捧，这一轮股市的暴涨暴跌其实从2014年5月已经开始了。场外配资更是推波助澜，推动了股市的上涨。2014年下半年，股市开始快速上扬，大牛市的预期受到市场的极力炒作，股票价格指数疯涨，市场难得一见地出现了千股涨停的现象，在2014年12月这一个月内的20个交易日，上证综指（SSECI）上涨幅度超过30%。这是第一轮的暴涨阶段。

经过2015年年初短短两个月的休整，部分媒体开始炒作改革红利概念和“互联网+”概念，吸引大量资金涌入股市，继续快速推高股指，呈现“疯牛”态势。在媒体的推波助澜之下，场外配资加大力度，更多资金涌入。从2015年3月13日到6月12日，开启了股市的第二轮暴涨。上证综指、中小板指数、创业板指数等三大股指分别上涨54%、75%和93%，甚至有媒体喊出2015年指数站上万点的口号。经过这一轮的疯涨，股票价格严重偏离其公允价值，A股上市公司（除了银行以外）的平均市盈率高达51倍，创业板上市公司的市盈率更是高达142倍。整个股票市场陷入疯狂状态，大部分投资者已经失去理性。

6.1.2 2015年6月至2015年8月：急跌阶段

2015年6月15日至7月8日，股市进入第一个急跌阶段，上证综指共跌去32%，其主要原因在于市场流动性趋紧及大量交易账户的平仓交易。证监会严查场外配资成为本阶段暴跌的导火索。

随后市场有短暂的止跌，市场上传言证监会将放松场外配资管制。事实上，传言被证监会澄清，仍将维持当前的管制措施。第二轮暴跌应声而至，从2015年8月18日至8月26日，短短的7个交易日内，上证综指由4006点下跌至2850点，跌幅高达29%；创业板指数由2721点跌至1843点，跌幅

32%。本轮下跌的主要原因在于全球金融风险加剧的预期，是股市对美联储加息预期渐行渐近、人民币贬值和全球资本市场大幅下挫的过度反应。

总的来说，本轮“股灾”的直接原因在于政府政策改变导致的股票市场流动性的剧烈变化，学者们对其深层次原因做了大量的分析。本章试图基于本书所构建的评估指标体系从多个视角来探讨本轮“股灾”爆发的原因。

6.2　本轮“股灾”的宏观视角

6.2.1　国内经济发展并非“股灾”爆发的基本面因素

通常来说，一个成熟的股票市场是一国经济运行的“晴雨表”，股票价格的波动能基本反映一国经济发展的变化。这在“股灾”爆发之前的股市能得到基本的验证,但在股灾爆发期间是不成立(如第5章的图5-1和5-2所示)。不管是 GDP 水平还是 OECD 领先指标都显示在“股灾”期间我国国内经济正在经历一个较长时期的下滑时期，且和股市运行呈现负相关的关系。

受经济下行压力的影响，生产者物价指数(PPI)长时间低于100，且在“股灾”期间一路下挫；而消费者物价指数（CPI）则在政府部门的努力下维持一个较低水平，但二者之差却居高不下，是股市波动的滞后因子（如第 5 章的图 5-3）。

6.2.2　市场流动性的剧烈波动是“股灾”爆发的直接原因

由于货币政策改变而造成的市场流动性的剧烈波动是造成本轮“股灾”的直接原因。2014 年下半年，为应对国内经济下行压力，政府积极推进“一带一路”建设，推进新一轮的经济改革，去产能、“互联网 +”，推进虚拟经济的持续发展。股票市场作为国内的虚拟经济的主要承载主体，受到政府部门的青睐，货币政策随之倾斜。实体经济去产能、房地产去杠杆、股票市场加杠杆，促使各类资金跑步进入股市，推高股价，吸引投资者进场，造就了“大牛市”，助长了股市泡沫的形成。而这轮“大牛市”却缺乏宏观经济基本面的支持，上市公司缺乏必要的业绩支撑，为股市的暴跌留下了隐患。到了 2015 年上半年，股市泡沫的快速增长，使得监管部门终于意识到了杠杆牛的风险所在。于是，管理层开始清理违规融资行为，而对于场外配资更是采取一刀切的做法，严禁券商通过网上证券交易接口为任何机构和个人开展场外配资活动、非法证券业务提供便利。正是这种在清理场外配资上的“一刀切”做法，终于造成股市的踩踏事件发生，“股灾”因此来临。

本轮“股灾”中，市场流动性的最佳衡量指标并非 M_1 或 M_2，而是融资融券余额（或者，更准确的说法是信用交易量①）。融资融券业务的引入，为股市带来了信用交易，丰富了股市交易的方式。在“股灾”期间，“融资融券余额”的变动与股市的走势保持基本一致，与上证综指的高度相关。信用交易可以通过资本的流动改善资源的配置效率，但过度的信用交易将对实体经济产生负面影响。信用交易使得股票市场上的流动性大幅度增加，市场上的投机氛围浓厚，有利可图时蜂拥而上，无利可图则如潮退出。正是基于此，信用交易业务的剧烈波动导致市场上的流动性的急剧变动，从而造成了本轮“股灾”。

6.2.3 金融环境建设是股灾爆发的外生因素

1. 政治、法律、文化因素的影响

政治、法律因素是指国家通过立法的或者行政的手段来限制和约束股票市场的经营内容和方式。政治因素对金融产品的需求和供给有强制性抑制或促进作用，其变动可以在很短时间内对股票市场产生巨大的影响。一旦这些抑制或促进作用取消或减轻，原来被人为建立起来的需求及供给的局面立即会大幅度改变。政府宏观经济政策尤其是金融政策的不稳定，可以使得股票价格的决定基础出现不必要的变动，从而导致股票价格异常波动。

法律体系及其执法效率等对股票市场有重要影响。在法制健全的股票市

① 我国的信用交易包括大量场外配资、理财产品等。

场，上市公司受到监管部门的严格监管，依法披露各项财务信息和经济信息，信息公开透明，投资者获取信息的成本较低，杜绝内幕交易，使股票市场更加有效。反之，在一个法制不完善的市场，信息披露不公开透明，市场缺乏有效监管，股票交易容易受到人为操纵，股价波动剧烈，股票市场无法有效运行。执法效率是影响股票市场稳定性的另一个重要指标。执法效率高的股票市场，一旦发现违法违规行为，执法部门行动迅速，惩治措施严厉，很大程度上杜绝违法行为的发生。执法效率比法律条文的质量对股票市场异常波动有更强的解释力。

文化因素是股票市场生态环境的一部分。文化价值系统为经济发展提供方向，为股票市场发展提供人文素养。文化价值系统是人们在经济活动中所体现的道德水准、精神品格、价值观念、行为方式，从这个意义上说，经济活动本质上是一种文化活动。不同于西方文化，中国文化倡导集体价值，强调环境和他人的作用，强调群体的协作；同时又追求领袖的领导作用，习惯于跟随领袖的方向行事。这可以解释为什么中国人在股市上的“羊群行为”要甚于西方发达市场，而羊群行为正是造成本轮“股灾”的一个重要原因。

在我国的股市文化影响下，政府金融政策的变动更容易引发股市的动荡。本轮股市行情的起点是证监会 2014 年下半年百家发行计划的推出，消除了市场对 IPO 的恐惧症，股市得以企稳回升。而监管层对于市场的投机行为特别宽容，再加上股市加杠杆的政策倾斜，大大激活了股市的人气，促进了股价的飞速上涨，乃至股价严重偏离上市公司的公允价值，形成了巨大的股市泡沫。当监管当局意识到股价泡沫的危害性时，对股市的治理却又缺乏必要的分析，匆忙采取“一刀切”的做法，极大地伤害了股市的活力，股价应声而落。由此可见，政府或监管层对本轮“股灾”负有不可推卸的责任。如果说股票市场是我国经济体系中的“韩信”，流动性则是“萧何”，而监管层的调控就是幕后的“刘邦”。

2. 新闻媒体在“股灾”中的推手作用

随着当今社会传媒技术的快速发展，人们获得信息的手段从过去的报纸、广播、电视等手段向互联网、新媒体转变。大众获得信息的成本大为降低，实效大为提高，信息的可信度也大为增强。大众媒体的发展在促进经济发展的同时，也存在不少问题。比如，媒体喜欢推波助澜，为了取悦受众，趋于表面化，使得有关股市的信息庞杂、真假难辨。更有甚者，对某些信息缺乏必要的事先甄别，造成谣言满天飞，极大地影响了人们获取正确信息的能力。

本轮“股灾”中，媒体言论起到了必不可少的推手作用。在第一轮和第二轮暴涨阶段，媒体通过各种言论引导股市的上涨预期，助推大牛市、“疯牛”的形成。我国股票市场上的中小投资者众多，容易受到媒体报道的影响，且由于过度自信等行为，又容易受到羊群效应的影响，最终促成了两轮暴涨的态势。在股市暴跌阶段，新闻媒体的调转言论导向，又开始鼓吹“股灾”言论，营造恐慌气氛，导致股市的进一步下跌。在本轮的暴涨暴跌过程中，由于缺乏必要的舆情监督和反馈机制，缺乏有效的管理机制，证监会无法影响媒体言论，不能及时矫正有关言论，没有及时澄清相关谣言，使得市场一直处于不可收拾的态势。在股市暴跌阶段，媒体言论哀声一片，对于政府清理非法场外配资的政策行为缺乏准确的报道，舆论主要讨论该行为对股市交易的伤害性，少于探讨其合法性与合理性，造成投资者对于股市暴跌的恐慌，加剧了股市的下跌。

6.2.4 股票市场的自身缺陷是本轮“股灾”的内在原因

1. 交易制度的设计缺陷

我国股票市场交易制度的设计缺陷在本轮“股灾”中展现无遗。我国股市采用涨跌停板制度作为股市交易的稳定机制。涨跌停板机制在大幅波动期间，容易导致市场流动性的缺乏，而熔断机制则会造成股市的短暂停止、股市的不连续，因而需要研究更合适的稳定机制。“T+1”的交易机制，日内买入的投资者无法当日卖出，只好承受次日的跌停惩罚或者转向股指期货寻求对冲风险，又形成股指期货的下行压力。

2. 市场结构的严重失衡

我国资本市场自建立以来，取得了非凡的成就，不仅建立了股票市场、债券市场、期货市场、银行间拆借市场等一系列交易场所，对于衍生品市场也进行了大量的尝试。但是，相对于市场上巨量的资金而言，优质的资产仍然十分匮乏。一边是实体经济的失血严重，一边是市场资金的无处可投，造成资金要么在房地产市场炒房，要么在股票市场炒股。政府在两边不停调控，最终助推了两个泡沫的成形。

从我国的融资结构来看，融资结构一直以间接融资为主，资本市场发挥不出应有的作用。直接融资比重的变动能够部分反映我国股市面临的这一情况。G20 国家直接融资比重目前大多集中在 65%~75% 区间内，美国显著高于其他国家，超过 80%。在此期间，我国的直接融资比重在 10%~45% 之间变动，远远低于 G20 的其他国家。

从市场的产品结构来看，股票市场、债券市场占据主导地位，而衍生品市场仍需大力发展。由于衍生品市场发展不够，难以获得发展数据，本书只能讨论股票市场和债券市场的市值之比——证债比。在股票暴涨阶段，股票市场市值远大于债券市场市值，“证债比”在 2015 年 5 月达到峰值 2.07；即使在“股灾”最严重之时，证债比也没有低于 1.1，说明仍然有大量资金流在股票市场寻求市场反弹的机会。

从市场的层次结构来看，我国的资本市场任重道远。正常的资本市场是一个“金字塔”结构，由低到高依次为场外股权市场、创业板市场、中小板市场和主板市场。而我国的资本市场层次结构则恰好是个“倒金字塔”结构，主板市场远远强于其他层次市场，创业板市场市值最多仅相当于主板市场的 10%。

我国资本市场结构的严重失衡，与资本市场发展的指导思想密切相关。

我国资本市场建立的指导思想主要是为了解决国有企业和政府的融资问题，注重融资、轻投资回报，亦是“大政府”执政理念的体现。

6.3 本轮“股灾”的微观视角

行为金融学提出，投资者对于自己的投资能力和投资理念，总显得过度自信。大量的心理学研究表明，人们往往倾向于高估自己的能力，或者高估自己所拥有的知识和信息的准确性，此即过度自信现象。这在个人投资者身上表现得尤其明显。而与西方发达市场相比，我国的机构投资者比重严重偏低，个人投资者无论是数量还是持股比重均占据绝对多数，这导致股市非常容易受到非理性行为的影响，从而对股价走势产生重大影响。本书选取的“个人投资者持股占比”和“ISI 投资者情绪”两个指标能够较好地说明投资者行为在本轮“股灾”中的作用。这两个指标与上证综指的相关系数分别为 0.92 和 0.88，说明与上证综指高度相关，对上证综指的产生了重要影响。在政府货币政策的变动和新闻媒体的舆论导向的影响下，个人投资者容易过度自信且反应过度，导致牛市预期下的暴涨和熊市预期下的暴跌。由于社交媒介的发展，个人投资者很容易聚集在“带头大哥”周围，形成一个个的投资群体，在群体信念下容易产生认知的偏差，导致投机行为大行其道和“羊群效应”的结果。

6.4 政策建议

对于股票市场建设的政策分析，我国学者做了大量的研究工作，笔者也从股票市场系统稳定性的评估指标体系出发，提出一些政策建议以供参考。

6.4.1 准确定位政府职能，实施适度监管

在本轮“股灾”中，政府对股票交易监管由宽松向严格的转变是造成“股灾”的幕后“黑手”，它直接导演了由“疯牛”到“死水”的跌宕大戏。更由于我国股票市场一直存在的从计划经济到市场经济转变中的行政权力惯性

的存在，因此，更有必要强调政府的适度监管体系。

由于市场信息的不对称性，缺乏有效监管手段和反应机制，证监会的行动总是“慢上一拍”，无法及时有效地监管交易行为，难以杜绝道德风险的发生。而且，一些政府部门对股市和政府定位认识的偏差，以及股市的双轨制，时常导致政府和市场双向替代失灵。因此，政府应合理确定在股票市场发展中的职责，推进适度监管，主要应做到以下几点：一是摒弃“大政府”的监管理念，合理界定政府的职能，明确政府监管的权利范围；二是完善法制和制度建设，制度公平合理的游戏规则，并逐步减少对市场的直接干预；三是应从行政审批事务逐渐走向市场决定事务，加强对市场的培育和监管，为市场参与者提供一个信息披露充分、交易公平高效的环境；四是做好投资者保护和投资者教育工作；五是加强自律组织的独立性，发挥自律监管的作用。

6.4.2　积极推进市场化之路

我国股票市场是计划经济转型过程中的产物，仍留有很多计划经济时期的特点。因此，必须加快股市的市场化进程，才能保证股票市场的健康稳定发展。股票市场本身是一个经济主体自然发展的结果，并不需要行政力量的过度干涉，而从我国股市发展的历程来看，行政干预该负不可推卸的责任。为改善我国股市的现状，推进制度创新，推进市场化是我国股票市场发展的必然选择。应减少政府干预，重新确立起市场的主导地位，充分发挥市场的主观能动性，充分发挥市场的调节作用。

推进市场化改革的主要方向在于发行制度市场化、退市机制市场化和价格形成机制市场化等。本书主要讨论发行制度的市场化问题。

发行制度市场化改革的最主要内容是发行审核体制的市场化，逐步从核准制向注册制转变。在我国股票市场建立初期，股票发行采取审批制，体现了很强的行政色彩。随着资本市场的快速发展，审批制的弊端显得愈发明显，严重阻碍了资本市场的规范发展，因此将其改革为现行的核准制，由证监会核准企业的上市申请。但核准制在我国实施过程中仍存在大量问题，需要进一步改革。西方发达市场常用的注册制是我国股票发行制度改革的方向。注册制体现的是一种更为市场化的理念和方式，企业上市机会均等，完全由市场选择，将为资本市场提供更多优质的资产以供投资者选择。注册制可以使企业根据自身的规模在不同层次市场上市融资，转变融资方式，当企业发展达到更高层次规模，满足高层次市场的上市需求，可以申请提级进入更高层次市场交易，这样不仅使企业有了上市融资需求，也能满足不同层次的投资者的投资需求。

6.4.3 加强投资者教育，规范投资者的行为

股票市场是一个高风险市场，具有风险源多、突发性强、传导快、社会影响大的特点。我国股票市场的投资者以个人投资者为主，尤其是散户居多。投资者缺乏正确而理性的投资理念，容易盲目跟风、追涨杀跌，造成股票市场的动荡。因此，对投资者进行教育是一项基础工作，有助于实现股市的规划化。投资者教育的目标是培育更多的理性投资者和价值投资者，增加不同投资维度的投资者有利于股票市场的自适应性，实现股票市场稳定运行。

投资者的主要对象是新进入市场的投资者，但也不能忽视其他投资者以及机构投资者的教育。机构投资者若忽视风险，其危害远大于个人投资者。投资者教育的主要内容是帮助投资者树立风险意识，建立正确而理性的投资理念，增强防范风险和承受风险的能力，减少盲目坐庄和跟风的投资风险。

6.4.4 构建有效的股票市场系统稳定性的评估和监测体系

溪云初起日沉阁，山雨欲来风满楼。当股票市场价格发生剧烈波动之前，各类经济指标总是会出现一些先兆。如果能够提前观测到经济变量波动带来的影响，了解股票市场系统稳定性的状况，则可以提前做出安排，降低或消除股市的系统性风险。因此，构建和完善股票市场系统稳定性的评估和监测体系是完全有必要的。通过前面的分析，笔者认为，本书所构建的评估指标

体系和综合预警指数能够有效地判断股市是否处于稳定状态；m 指标能够很好地监测股市系统性风险的大小，可以作为 CEI 的必要补充，亦可作为股市系统性风险的预警指标。

6.5 本章小结

根据所构建的股票市场系统稳定性的评估指标体系，本章主要是从宏观视角和微观视角深入讨论了 2015 年“股灾”爆发的原因，并据此提出了实行适度监管、推行市场化进程、加强投资者教育和构建有效的监管体系等政策建议，以供监管部门参考。

第 7 章　结论及研究展望

7.1　研究结论

2007 年次贷危机在美国爆发并在随后的短时间内扩散成为全球金融危机，引发了人们对金融危机研究的热情，国际组织、各国政府部门、各类金融机构和经济学家们也越来越重视金融稳定的研究。金融稳定的研究方向通常有两类，一是通过建立金融稳定指数从正面分析，二是从脆弱性、不稳定性和系统性风险等视角来反面论证金融稳定。股票市场作为金融系统中的重要一环，具有资金配置、价值发现和风险管理的功能，其稳定性也会影响金融体系的稳定。本书延续金融稳定的研究方法，分别从正面和反面研究我国股票市场的系统稳定性。

本书所获得的主要研究结论如下。

第一，通过文献查找和对比，随着时代的发展、技术的更新，金融实践和实证研究均显示传统的资本市场理论存在明显的缺陷，非线性范式在金融领域的研究取得了很好的效果。这促使人们更多地应用非线性科学的理论和知识研究我国的股票市场，比如复杂性科学和金融生态学。在此基础上，从系统科学角度出发，本书将股票市场系统稳定性定义为股票市场自身具有的一种恢复能力，在外部冲击消除后重新达到均衡状态的能力，且具有三个层次的内涵，即金融生态环境处于稳定状态、股票市场自身运行平稳和股票价格正常波动，为后续的开展的研究提供了坚实的基石。

第二，基于对股票市场系统稳定性的三个层次的认识，本书将影响股票市场稳定性的因素归纳为三个方面内容：宏观环境因素、市场结构因素和投资者行为，定性地分析了各因素的作用方式和影响机制，对各因素的相对重要性和影响方向有了一定的认知，为预警指标体系的构建提供了重要的参考。

第三，结合复杂网络理论和生态学知识，本书讨论了我国股票市场系统稳定性的识别与评价，构建股票网络，计算不同月份的平均相关系数，并结合 May-Wigner 稳定性定理，构建 m 指标，确定识别标准，评价我国股票市场系统稳定性。实证结果表明，m 指标能够比较准确地识别我国股票市场所处的稳定状态，是一个简单的、鲁棒性的、具有前瞻性和及时的评价指标。

第四，采用 KLR 信号分析法，讨论了系统稳定性预警指标体系的构建从宏观环境因素、市场结构因素与投资者行为等三个方面，初步筛选 39 个预警指标，并对单个指标的预警效力进行了比较分析，通过计算不同百分位数下的噪音信号比，选取噪音信号比最小的 11 个指标作为预警指标构建预警指标体系，再通过等方差加权方法构建了综合预警指数，全面提取各单个指标的预警信息，以提高预警的准确性。实证分析结果表明，CEI 指标具有较好的预警效果。

第五，根据所构建的股票市场系统稳定性的评估指标体系，从宏观视角和微观视角深入讨论了 2015 年"股灾"爆发的原因，本书认为，流动性的剧烈波动是股灾爆发的直接原因，而金融环境建设是"股灾"爆发的外生原因，并据此提出了实行适度监管、推行市场化进程、加强投资者教育和构建有效的监管体系等政策建议，以供政府监管部门参考。

7.2　主要创新点

相对于现有的研究，本书主要在评估与监测我国股票市场系统稳定性的模型构建方面取得了一定的突破和创新。

第一，识别和评价股票市场系统稳定性方面。本书以复杂网络理论为框架，结合生态学中关于稳定性的结论，深入探讨股票市场稳定性的识别和评价标准，新框架下的研究强化了股票市场系统性风险识别的明确性和针对性，确立了一个清晰的标准，为评价股票市场的运行状态提供了一个准确的参考。

第二，预警与监测股票市场系统稳定性方面。以构建综合预警指数为目标，本书应用 KLR 信号法、等方差加权法等模型和方法，分析单个指标和综合预警指数的有效性，是对现有文献的创新和补充，也为政府监管、市场分析和投资者判断股票市场稳定性提供了一个有效的预警指数。

7.3 研究不足与展望

7.3.1 研究不足

由于作者的水平有限及时间限制，本书的研究存在若干不足之处。

第一，在构建股票市场系统稳定性的综合预警指数时，出于连续性的考量，没有考虑到在不同时期内，影响因素的权重并不总是相同的。为了保留股票市场层次结构的影响，本书将样本期的起点设定为 2009 年 11 月，原因就在于创业板是在 2009 年 10 月上市，这样做的结果固然将创业板与主板市值之比作为一个重要的指标引入评估指标体系之中，但同时也导致本书所构建的 CEI 不能评价之前的股市稳定性状态。

第二，在本书中，m 指标的计算只考虑了在上证交易所连续上市的 274 只股票的情况，虽然能代表股票市场的实际情况，但并不能完全反映我国股票市场的问题（深圳交易所的数据未纳入研究），是本书的一个遗憾。

7.3.2 研究展望

未来的研究工作可以从以下几个方面展开：

第一，为了改善评估指标体系的时效性，对于不同发展阶段的股票市场，要有更有针对性的指标选择。比如，2010 年 3 月开始，融资融券业务（俗称“两融”业务）正式开始在我国股票市场上市操作，这是对我国股市影响较大的一个举措，2014 年底至 2015 年 5 月的暴涨与“两融”余额有一定的关联，而 2015 年 6 月至年底的暴跌也与监管部门清理“两融”余额有关。但如果在不同阶段考察不同的指标，评估指标权重的确定、综合预警指数的整合是新面临和有待解决的难题。

第二，平均相关系数和 m 指标是根据上证综指的 274 只连续交易的成分股的对数收益率来计算，未来可以将样本扩大到沪深两市及全球股市。也可以继续细分，研究不同板块的平均相关系数和 m 指标，从而可以研究不同板块、不同领域的稳定性。

参考文献

[1]Alexander C. Sheedy E. Developing a Stress Testing Framework Based on Market Risk Models [J]. Journal of Banking and Finance, 2008（32）：2220—2236.

[2]Allen W.A. Wood G. Defining and Achieving Financial Stability[J]. Journal of Financial Stability , 2006（2）：152—153.

[3]Alvarez-Plata P., Schrooten, M. Misleading Indicators? The Argentinean Currency Crisis[J]. Journal of Policy Modeling, 2004, 26（5）：587—603.

[4]Andrew C. The Stochastic Behavior of Common Stock Variance：Value, Leverage and Interest Rate Effects[J]. Journal of Financial Economics, 1982（10）：407—432.

[5]Arias G., Erlandsson U.G. Regime Switching as an Alternative Early Warning System of Currency Crises：An Application to South-East Asia[R]. Economics Working Paper, 2004, No.11.

[6]Barth J.R., Caprio G., Levine R. The Regulation and Supervision of Banks around the World：A New Database[R]. World Bank Policy Research Working Paper，2001.

[7]Bartram, Gregory W. Brow, John E. Hund. Estimating Systemic Risk in the International Financial System[J]. Journal of Financial Economics, 2007（86）：835—869.

[8]Bastiaensent K., Cauwelst P., Sornette D., Woodard R., Zhou W. The Chinese Equity Bubble：is Ready to Burst[J]. arXiv：0907. 2009.

[9]Bauer C., Herz B., Karb V. Are twin Currency and Debt Crises Special?[J]. Journal of Financial Stability, 2007（3）：59—84.

[10]Beckmann D., Menkhoff L., Sawischlewski, K. Robust Lessons about Practical Early Warning Systems[J]. Journal of Policy Modeling, 2006（28）：163—193.

[11]Berg A., Patillo C. Predicting Currency Crises：The Indicators Approach and an Alternative[J]. Journal of International Money and Finance,1999（18）：561—586.

[12]Berg A., Patillo C. Are Currency Crises Predictable? A Test[J]. IMF Staff Paper, 1999, 46（2）：107—138.

[13]Black D., Garbade K.D., Silber W.L. The Impact of the GNMA Pass-through Program on FHA Mortgage Costs[J]. Journal of Finance, 1981（36）：457—469.

[14]Bouchaud J.P., Mézard M., Dalibard. J. Complex Systems[M]. Les Houches, 2007.

[15]Bussiere M., Fratzscher M. Towards a New Early Warning System of Financial Crises[J]. Journal of International Money and Finance, 2006, 25（6）：953—973.

[16]Chant J. Financial Stability as a Policy Goal[R]. Bank of Canada Technical Report, Ottawa, 2003（1）.

[17]Cipollini A., Kapetanio G. Forecasting Financial Crises and Contagion in Asia Using Dynamic Factor Analysis[J].Journal of Empirical Finance, 2009,16（2）：188—200.

[18]Crockett A. The Theory and Practice of Financial Stability[J]. De Economist, 1996（144）：531—568.

[19]Crockett A.. Why is Financial Stability a Goal of Public Policy?[R]. Federal Reserve Bank of Kansas City, 1997.

[20]Cull R., Senbet L.W., Sorge, M. Deposit Insurance and Financial Development[J]. Journal of Money Credit & Banking, 2010, 37（1）：43—82.

[21]Daly K., Vinh Vo. Idiosyncratic Risk in the Dow Jones Eurostoxx 50 Index[J]. Physica A, 2008（387）：4261—4271.

[22]Danielsson J. The Emperor has no Clothes：Limits to Risk Modeling[J]. Journal of Banking and Finance，2002（26）：1273—1296.

[23]Danielsson J. Blame the Models[J]. Journal of Financial Stability, 2008（4）: 321—328.

[24]Davis E.P., Karim D. Comparing Early Warning Systems for Banking Crises [J]. Journal of Financial Stability, 2008（4）：89—120.

[25]Duan P., Bajona C. China's Vulnerability to Currency Crisis：A KLR Signals Approach[J]. China Economic Review, 2008,19（2）：138—151.

[26]European Central Bank. Financial Stability Review[R]. Frankfurt am Main：European Central Bank, 2006.

[27]Fama E.F. Stock Return, Expected Returns, and Real Activity[J]. Journal of Finance, 1990（3）：1089—1108.

[28]Fama E.F., French K.R. The Cross-section of Expected Stock Returns [J]. Journal of Finance, 1992（47）：427—465.

[29]Ferguson Roger W. Should Financial Stability be an Explicit Central Bank Objective?[Z]. Paper Prepared for Challenges to Central Banking from Globalized Financial Systems Conference at the IMF in Washington, D.C.,2002.

[30]Fioramanti M. Predicting Sovereign Debt Crises Using Artificial Neural Networks：a Comparative Approach [J]. Journal of Financial Stability, 2008（4）：149—164.

[31]Foot M. What is Financial Stability and How do We Get It?[Z]. The Roy Bridge Memorial Lecture, United Kingdom：Financial Services Authority, 2003.

[32]Frankel J.A., Rose A.K. Currency Crashes in Emerging Markets：An Empirical Treatment[J]. Journal of International Economics,1996（41）：351—366.

[33]Friedman M., Schwartz. A.J. Monetary Trends in the United States and the United Kingdom：Their Relation to Income，Price，and Interest Rates, 1867—

1975[Z]. Chicago: University of Chicago Press for the National Bureau of Economic Research, 1982.

[34]Goodhart C.A. Traverse from the Micro to the Macro Stress Testing[R]. Conference Report on Stress-testing and Financial Crisis Simulation Exercises, 2007.

[35]Haldane A., Hall, S., Pezzini, S. A New Approach to Assessing Risks to Financial Stability[R]. Bank of England Financial Stability Paper, 2007, No.2.

[36]Halkos G., Sepetis, A. Can Capital Markets Respond to Environmental Policy of Firms? Evidence from Greece [J]. Ecological Economics, 2007（63）: 578—587.

[37]Hendemhott P.H., Shilling J.D. The Impact of the Agencies on Conventional Fixed-rate Mortgage Yields[J]. Journal of Real Estate Finance and Economics,1989（2）: 101—115.

[38]Houben A., Kakes J., Schinasi G. Towards a Framework for Safeguarding Financial Stability[R]. IMF Working Paper, 2004.

[39]Iori G. An Analysis of Systemic Risk in Alternative Securities Settlement Architectures [R]. ECB Working Paper, 2004,（404）.

[40]Lin C.S., Khan H.A., Chang R.Y., Wang, Y.C.. A New Approach to Modeling Early Warning Systems for Currency Crises: Can a Machine-learning Fuzzy Expert System Predict the Currency Crises Effectively?[J]. Journal of International Money and Finance, 2006, 27（7）: 1098—1121.

[41] J. Liu, C.K. Tse, He, K. Fierce Stock Market Fluctuation Disrupts Scale Free Distribution[J]. Quantitative Finance, 2011（11）: 817—823.

[42]Kaminsky G.L. Lizondo, Reinhart C.M. Leading Indicators of Currency Crises[J]. IMF Staff Paper, 1998, 45（1）: 4—9.

[43]Kaminsky G.L., Reinhart C.M. The Twin Crises: The Causes of Banking and Balance-of-payments Problems[J]. American Economic Review, 1999（89）: 473—500.

[44]Karninsky G.L. Currency Crises: Are They all the Same? [J]. Journal of International Money and Finance, 2006（25）: 503—527.

[45]Kim K.A., Rhee S.G. Price Limit Performance：Evidence from the Tokyo Stock Exchange[J]. Journal of Finance, 1997（52）：885—901.

[46]Kolari J.W., Fraser D., Anari A. The Effects of Securitization on Mortgage Market Yields：A Cointegration Analysis[J]. Real Estate Economics, 1998（26）：677—693.

[47]Kregel J.A. Margins of Safety and Weight of the Argument in Generating Financial Fragility[J]. Journal of Economics Issues, 1997（31）：543—548.

[48]Lee K.E., Lee J.W., Hong B.H. Complex Networks in a Stock Market[J]. Computer Physics Communications. 2007，177（1—2）：186.

[49]Lehar A. Measuring Systemic Risk：A Risk Management Approach[J]. Journal of Banking and Finance, 2005（29）：2577—2603.

[50]May R.M. Will a Large Complex System be Stable？[J]. Nature, 1972（238）：413—414.

[51]Mouratidis K. Evaluating Currency Crises：A Bayesian Markov Switching Approach[J]. Journal of Macroeconomics, 2008, 30（4）：1688－1711.

[52]Nicolo G.D., Kwast M.L. Systemic Risk and Financial Consolidation：Are They Related? [J]. Journal of Banking & Finance, 2002, 26（5）：861—880.

[53]Officer R.R. The Variability of Market Factor of the New York Stock Exchange[J]. Journal of Business，1973,46（3）：434—453.

[54]Onnela J.P., Chakraborti, A. Kaski, K., Kert é sz, J. Dynamic Asset Trees and Black Monday[J]. Physica A, 2003（324）：247—252.

[55]Padoa–Schioppa T. Central Banks and Financial Stability：Exploring a Land in the Trans–formation of European Financial System[R]. ECB, 2003（2）.

[56]Ryoo S. Long Waves and Short Cycles in a Model of Endogenous Financial Fragility[J]. Journal of Economic Behavior & Organization, 2010, 74（3）：163—186.

[57]Schinasi G.J. Private Finance and Public Policy [R]. IMF Working Paper, 2007,04（120）.

[58]Schwert G.W. Why does Stock Market Volatility Change over Time?[J]. The Journal of Finance, 1989, 44（5）：1115—1153.

[59]Schwarcz S.L. Systemic Risk[J].The Georgetown Law Journal, 2008, 97(1): 193—249.

[60]Summer M. Systemic Risk Monitor-risk Assessment and Stress Testing for the Austrian Banking System[R]. Austrian National Bank Working Paper, 2006.

[61]The Board of Governors of the Federal Reserve System：The Annual Report [R]. Washington：Federal Reserve System,1998.

[62]Todd S. The Effects of Securitization on Consumer Mortgage Costs[J]. Real Estate Economies, 2001, 29（1）：29—54.

[63]Tse C.K., Liu J., Lau F.C.M. A Network Perspective of the Stock Market[J]. Journal of Empirical Finance,2010（17）：659—667.

[64]Tumminello M., Aste T., Di Matteo T., Mantegna R.N. A Tool for Filtering Information in Complex Systems[J]. PNAS, 2005,（102）：10421—10426.

[65]Wigner E.P. Statistical Properties of Real Symmetric Matrices with Many Dimensions[M]. Proc. Fourth Canad. Math. Congr.（M. S. MacPhail, ed.）Univ. Toronto Press, Toronto, 1959：174—184.

[66] 埃德加・E. 彼得斯 . 分形市场分析——将混沌理论应用到投资与经济理论上 [M]. 储海林，殷勤，译 . 北京：经济科学出版社，2002：44.

[67] 安徽省社会主义学院课题组．稳健：中国资本市场政策主基调 [J]. 广西社会主义学院学报，2010（5）.

[68] 敖山．中国股票市场风险度评测模型与仿真研究 [D]．北京：北京邮电大学，2009.

[69] 贝政新，朱丹．我国 A 股市场系统风险时变性研究 [J]．商场现代化，2009（12）.

[70] 柴永红．关于股票二级市场系统风险的定性分析 [J]．宜春学院学报，2005（11）.

[71] 曹红辉．美国信用危机：成因、风险传导与制度变异 [J]．经济学动态，

2008（10）：4—10.

[72] 陈华，伍志文. 银行体系脆弱性：理论及基于中国的实证分析 [J]. 数量经济技术研究，2004（6）.

[73] 陈平，龙华. 中国股市涨跌停绩效的经验分析及政策建议 [J]. 世界经济，2003（2）.

[74] 陈守东，杨莹，马辉. 中国金融风险预警研究 [J]. 数量经济技术经济研究，2006（7）.

[75] 陈守东，赵大坤，迟宪良. 运用二元选择模型建立我国的金融预警模型 [J]. 学习与探索，2006（1）：237—239.

[76] 戴军，葛新元，董艺婷，林晓明. 从系统风险的历史看当前下跌的未来 [R]. 研究报告. 2009.

[77] 段小茜. 金融稳定界说：定义、内涵及制度演进 [J]. 财经科学，2007（1）.

[78] 段小茜. 金融稳定及其变迁的新政治经济学分析 [J]. 金融研究，2010（9）.

[79] 杜军. 中国股市涨跌幅限制效应理论与实证研究 [J]. 工业技术经济，2006（3）.

[80] 范小云. 繁荣的背后：金融系统风险的本质、测度与管理 [M]. 中国金融出版社，2006.

[81] 国务院发展研究中心. 资本市场系统风险及其影响 [R]. 国务院发展研究中心调查研究报告，2007（11）.

[82] 郭金龙. 复杂系统范式视角下的金融演进与发展 [M]. 北京：中国金融出版社，2007.

[83] 韩廷春，雷颖絜 . 金融生态环境对金融主体发展的影响 [J]. 世界经济，2008（3）：71-80.

[84] 胡朝霞，陈浪南. 涨跌停制度下时间变动 β 的估计——兼对中国股市系统风险的分析 [J]. 金融研究，2007（7）.

[85] 胡琦，庞秀梅. 对涨跌停板制度的探讨 [J]. 浙江金融，2000（6）.

[86] 华晓龙．基于宏观压力测试方法的商业银行体系信用风险评估 [J]．数量经济技术经济研究，2009（4）．

[87] 何德旭，等．中国金融稳定：内在逻辑与基本框架 [M]. 北京：社会科学文献出版社，2013：13.

[88] 何建雄．建立金融安全预警系统：指标框架与运作机制 [J]．金融研究，2001（1）．

[89] 李成，刘相友，刘毅．基于供求理论的金融监管强度边界及制度均衡解析 [J]．当代经济科学，2009（11）：74—79.

[90] 李宏，金融管制的经济学分析 [J]．财经研究，2006（1）：65—72.

[91] 李金华．国家经济安全监测警示系统的构建 [J]．中南财经大学学报，2001（5）．

[92] 李旭升．中国股市系统性风险的预测 [D]．厦门：厦门大学，2001.

[93] 李扬．中国城市金融生态研究——初步分析 [J]. 福建金融，2005（7）：4–7.

[94] 刘莉亚，任若恩．货币危机信号预警系统的构建 [J]．经济科学，2002（5）：19—25.

[95] 刘教兴．中国股市系统风险预警模型及实证分析——多因素层次模糊综合评价 [J]．金融经济，2007（10）．

[96] 刘景德，张捷．A 股系统性风险时变估计方法及实证研究 [J]．中国证券市场发展前沿问题研究，2008.

[97] 刘骏民，范小云．经济虚拟化与系统性风险 [R]．工作论文，2006.

[98] 刘锡良．金融制度变迁与金融稳定 [J]．财贸经济，2000（3）．

[99] 刘钊．股票市场脆弱性与金融稳定 [M]. 北京：中国金融出版社，2009：123.

[100] 任少华，朱丹，郭静静，等．A 股市场系统性风险的实证研究 [J]．中国证券市场发展前沿问题研究，2008.

[101] 戎雪峰．中国股票市场稳定性与证券投资基金关系的研究 [D]．西北大学，2008.

[102] 清华大学国家金融研究院 . 完善制度设计、提升市场信心、建设长期健康稳定发展的资本市场 [R]. 2015.12.

[103] 尚福林. 金融体系的转型与促进资本市场稳定健康发展 [J]. 中国金融，2008（12）.

[104] 尚福林. 推动中国资本市场稳定健康发展 [J]. 中国金融，2009（11）.

[105] 宋乾坤. 机构投资者行为对我国股市稳定性影响研究 [D]. 郑州大学，2011.

[106] 宋增基，杨俊，李春红. 证券市场风险和收益的实证研究 [J]. 中国软科学，2004（3）.

[107] 孙培源，施东晖. 涨跌幅限制降低了股价波动吗？来自中国股票市场的证据 [J]. 证券市场导报，2001（11）.

[108] 孙培源，施东晖. 基于 CAPM 的中国股市羊群行为研究——兼与宋军、吴冲锋先生商榷 [J]. 经济研究，2002，（2）.

[109] 孙祁祥，郑伟. 系统性金融风险与中国经济安全 [R]. 国家发改委十一五规划课题北京大学课题组，2005.

[110] 王长江. 金融稳定研究：内涵及一个框架 [J]. 上海金融，2006（11）.

[111] 王明华，黎志成. 金融稳定评估指标体系：银行稳定的宏观成本控制研究 [J]. 中国软科学，2005（9）.

[112] 王雪峰. 中国金融稳定状态指数的构建——基于状态空间模型分析 [J]. 当代财经，2010，（5）：51—60.

[113] 闻岳春. 创业板市场系统风险预警技术及其应用研究 [J]. 中国证券市场发展前沿问题研究，2009.

[114] 闻岳春，黄福宁. 资本市场系统风险评估模型及其实证应用 [J]. 金融理论与实践. 2010（1）.

[115] 闻岳春，黄福宁. 有效治理导向下的创业板系统风险预警体系 [R]. 同济大学工作论文，2010b.

[116] 闻岳春，王婧婷．支持科技创新投融资资本市场的风险评价研究 [J]. 同济大学学报（社会科学版），2009（4）.

[117] 吴军．金融稳定内涵综述及框架分析 [J]．外国经济与管理，2005（3）.

[118] 吴培新．次贷危机的形成机理及其对货币政策框架的涵义 [J]．国际金融研究，2008（10）：61—67.

[119] 吴晓求．推进资本市场稳定发展的关键是全面创新 [J]．求是杂志，2008（17）.

[120] 伍志文．中国金融脆弱性分析 [J]．经济科学，2002（3）.

[121] 许涤龙，叶少波．金融体系脆弱性问题研究述评 [J]．统计与信息论坛，2008（1）.

[122] 肖朝胜．股市危机预警系统研究 [D]．成都：西南交通大学，2008.

[123] 肖敬红，闻岳春．基于 KLR 模型的我国股市系统性风险预警研究 [J]. 上海金融，2013（5）.

[124] 薛小荣，唐凯桃．影响资本市场体系稳定性的因素分析 [J]．西部财会，2012（10）：46—47.

[125] 徐国祥，檀向球．我国 A 股市场系统性风险的实证研究 [J]. 统计研究，2007（5）.

[126] 徐诺金．论我国金融生态环境问题 [J]. 金融研究，2005（11）：31-38.

[127] 徐诺金．金融生态论——对传统金融理念的挑战 [M]. 北京：中国金融出版社，2007.

[128] 翟金林．银行系统性风险研究 [D]．天津：南开大学，2001.

[129] 张承惠．资本市场系统风险现状与产生原因 [J]. 中国金融，2008（1）：53—55.

[130] 张洪涛，段小茜．金融稳定有关问题研究综述 [J]. 国际金融研究，2006（5）：65-74.

[131] 张梅琳．基于混沌理论的股市系统风险测度与监控 [J]．上海经济研究．2008（4）．

[132] 张岷．金融稳定评估指标体系的建构 [J]．统计与决策，2007（1）．

[133] 张人骥，王怀芳，王耀东，等．上海证券市场系统风险趋势与波动的实证分析 [J]．金融研究，2000（1）．

[134] 张宗新．中国证券市场系统风险结构的实证分析 [J]．经济理论与经济管理，2005（12）．

[135] 甄炳禧．透视美国次贷危机及对我国的启示 [J]．经济与管理研究，2007（11）：9—16.

[136] 仲斌，陈浩．金融稳定监测的理论、指标和方法 [J]．上海金融，2004（9）．

[137] 钟伟，钟根元，王浣尘．基于 PS 法的金融体系稳健性的综合评价 [J]．系统工程理论方法应用，2006（6）：260—265.

[138] 周小川 . 完善法律制度，改进金融生态 [N]. 金融时报，2004-12-07.

[139] 周正庆．“九条意见”推动资本市场稳定健康发展 [J]．中国金融家，2004（5）．

[140] 周正庆．汲取金融危机教训　推进资本市场稳健发展 [J]．证券市场导报，2010（3）．

[141] 邹辉文．证券市场风险预警与投资决策模型 [C]．风险管理与衍生产品国际研讨会论文集，2009.

[142] 中国人民银行．中国金融稳定报告 2005[M]．中国金融出版社，2005.